분재하는 마음

일러두기

* 본 도서는 국립국어원 표기 규정 및 외래어 표기 규정을 준수하였습니다. 다만 일부 입말로 굳어진 경우 작가의 표기를 따랐습니다.

* 4장 에세이는 두 지은이가 번갈아 이야기 나누듯 쓴 에세이입니다. 위쪽 맞춤의 글은 최문정의 글, 아래쪽 맞춤의 글은 강경자의 글입니다.

30대 제자와 80대 스승의 동행
시대를 초월한 생활 속의 분재

충실한 시간을 쌓아가는 분재의 여정을 함께합니다.

식물은 머리로 키우는 것이 아니라
가슴으로 키우는 것이지요.
사람의 표정을 보고 마음을 읽듯이,
잎의 표정을 보고 뿌리의 상태를
가늠하며 끊임없이 보살피며 가꾸고
기다리며 절제된 사랑을 익히는 것이
분재의 자세입니다.

오래 가꾼 나무에는 매일의 이야기와
희로애락이 켜켜이 담겨 있어요.
나무의 굵은 줄기, 촘촘한 잔가지
곳곳에서 지난 기쁨을, 위로를,
지혜를 다시 발견할 수 있어요.
시간을 쌓은 나무를 바라보는 일만으로
저는 조용히 충족돼요.

ISBN 979-11-91059-42-7 13520
값 24,000원

브랜드 블렌딩

너와 나의 교집합이 만드는 브랜드 　　　　　룬아 지음

좋아하는 일을 함께 만들어 가는 이야기를 담았다.
맛 좋은 커피를 만들기 위하여 몇 가지 원두를 섞어서
최적의 원두를 만들 듯이, 브랜드를 운영하는 것도 같다.
실패할 것을 걱정하는 것이 아니라 불확실한 미래를
긍정적인 태도로 받아들이고, 함께이기에 가능한 시너지를
보여주는 이들의 이야기를 엮었다. 보다 깊게 몰두하고
자신만의 브랜드 정체성을 만들어 가는 이들에게 듣는
생생한 브랜드 이야기를 만나보자.

우리가 사랑한 사물들

일상을 환기하고 감각을 깨우는 사물 산책 　　　김지원 지음

오랜 시간이 쌓인, 고유한 전통을 재해석한, 생활하며
자주 눈에 밟히는 여러 사물에 궁금증을 가진다.
궁금증으로부터 시작된 여정은 사물을 만든 창작자에게
여러 질문을 던진다. 창작자는 어떤 마음으로 사물을
만들었는지, 사물이 어떤 의미로 사용자에게 다가갔으면
좋겠는지, 그들이 말하는 사물을 보는 태도를 함께
소개한다. 그들이 대화와 생각이 점철되는 과정은 마치
발이 닿는 대로 떠나는 산책 같다. 경쾌한 발걸음으로
공예와 오브제, 도구와 상품의 풍경으로 우리를 안내한다.

꽃 피는 마음

사용 설명

꽃 피는 마음
꽃차 레시피

초판 1쇄 인쇄	2023년 6월 15일
초판 1쇄 발행	2023년 6월 22일

지은이	강경자, 최민경
펴낸이	이곤성
편집장	이경희
편집 팀장	김아영
편집	김중훈
일러스트	정미경
디자인	이온
마케팅	고상일
펴낸곳	지콜론북

출판등록	2011년 1월 6일 제406-2011-000003호
주소	경기도 파주시 문발로 242 3층
전화	031-955-4955
팩스	031-955-4959
홈페이지	www.gcolon.co.kr
트위터	@g_colon
페이스북	/gcolonbook
인스타그램	@g_colonbook

ISBN	979-11-91059-42-7 13520
값	값 24,000원

이 책은 저작권법에 의해 보호를 받는 저작물이므로 무단 전재와 복제를 금합니다.
별책 이미지의 저작권은 작가에게 있음을 알립니다.
The copyright for every artwork contained in this publication belongs to artist. All rights reserved.

잘못된 책은 구입한 곳에서 교환해 드립니다.

지콜론북은 에이치비프레스(주)상경미디어의 출판 브랜드입니다.

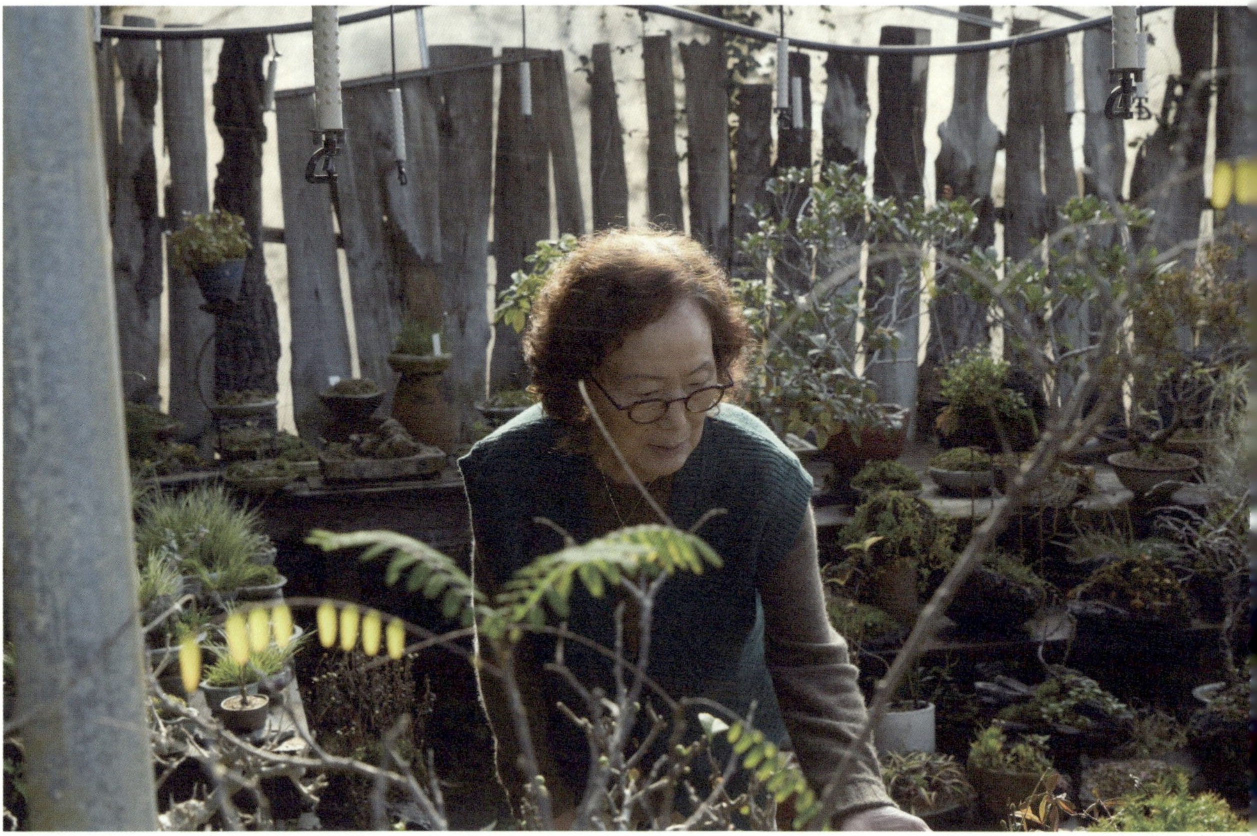

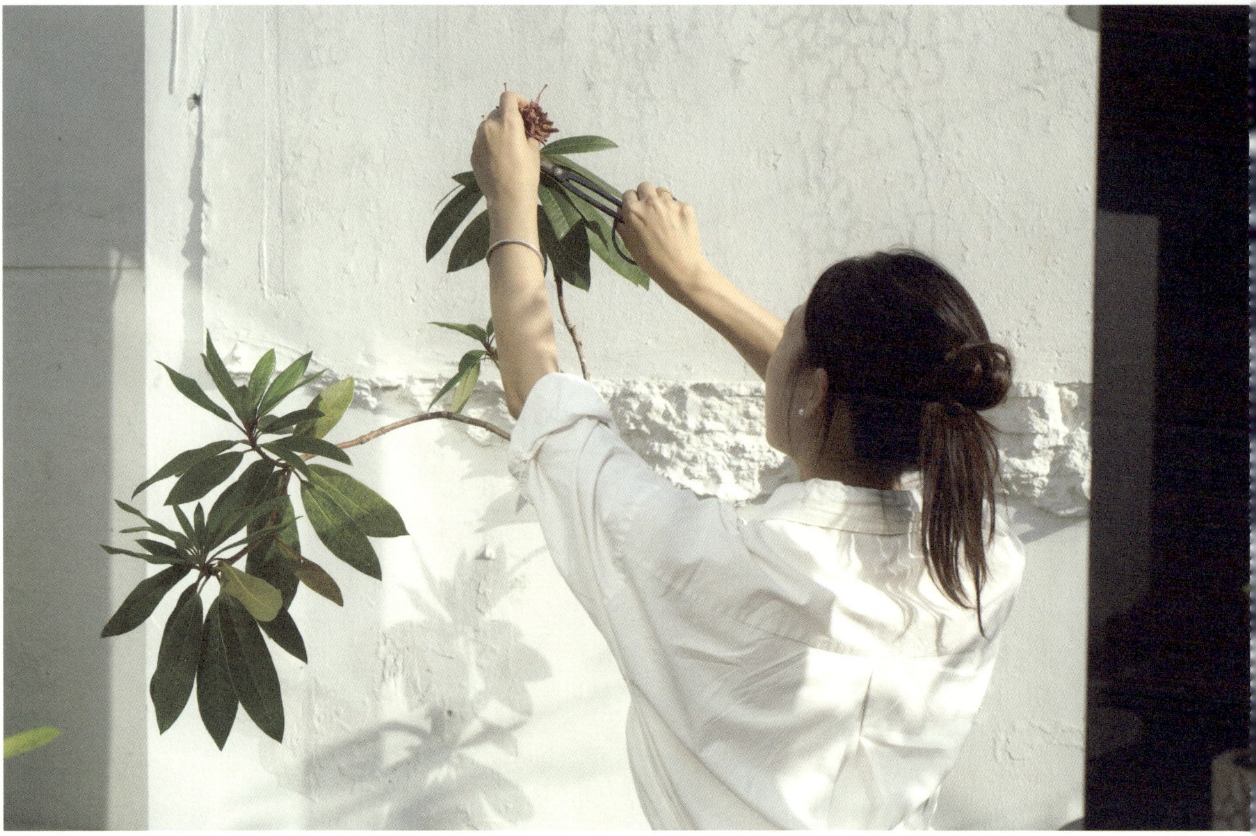

분재는 시어입니다.

겨울나무가 겨울을 지킵니다. 한 점 숨김 없이,
변명도 없이 알몸으로 견디는 겨울나무.
세월의 언어가 그려 놓은 잔가지. 죽은 듯 숨어
있는 언 땅 속에 씨알들. 이렇듯 무언 속에 봄을
꿈꿉니다. 나의 겨울은 외롭지 않습니다.

어느 마음이 좋지 않던 날, 식물의 바랜
잎을 과감히 잘라버렸습니다. 뿌리가 있다면
새잎처럼 마음속, 어떤 마음이 생기를 찾고 다시
돋아나리라는 희망으로요.

여름 햇살을 온몸으로 받으며 고통으로 봄꽃을
마련하고 선 매화. 당신의 아픔은 꽃으로 말하지요.
아픔을 아픔으로 받아들이는 것 또한 용기입니다.
나는 진정 당신의 아픔을 알까요. 고목 등결에
피어나는 당신의 아픔을요.

낙화도 꽃이라 했거늘, 아쉬워 마세요.
꽃 눈비 흩날리며 땅으로 투신하는 꽃잎들.
그들의 고향으로 돌아갈 뿐입니다.
소리 없는 기약, 때가 되면 같은 모습으로,
같은 향으로 다시 돌아올 테지요.

요즘 저는 무사히 겨울을 이겨냈다고 얼굴을
비추는 새순을 크게 반가워하고 칭찬하는 즐거움에
빠져 있습니다. 해마다 어김없이 잎을 내는 일,
성실하고 꾸준하게 할 일을 하는 식물 앞에서 물을
주고 가꾸며 바라보는 일들을 어찌 게을리할 수
있을까요.

발돋움할 줄 모르고 낮게, 낮게 피는 꽃을 보려
무릎을 꿇었습니다. 겸손의 마음인가요.
발돋움을 모르는 가장 낮은 키의 미나리아재비를
보니, 낮아서 더욱 소중하게 느껴졌습니다.

충실하게 자란 한 뿌리 한 뿌리가 나누어질 때마다
"기특하다, 기특해" 소란스럽게 칭찬해 주었어요.
앞으로도 더 성숙한 각자의 삶을 기대하면서요.
식물에 전하는 혼잣말이 저에게 다시 울려오고
그렇게 기분 좋은 순환이 계속되는 작업의 시간이
되어갑니다.

눈빛만 봐도 읽을 수 있는 연인의 마음처럼 내게만
보이는 그들의 신호를 알아차리는 기쁨이 얼마나
황홀한지 몰라요. 이 짧고도, 작고도, 대단한
성취의 기쁨이 매일매일 제게 삶의 이유를 일깨워
줍니다. 그들에게 나의 존재가 마치 전부인
것처럼요. 저의 역할이 있다는 것만으로도 나는
계속해서 더 큰 사람이 되어갑니다.

살아 있는 모든 것은 사랑받길 원하고 사랑받는
것은 모두 아름답습니다. 오래된 것은 지켜낸
시간과 이야기가 함께 있어 보람되고 소중합니다.

저는 나무의 고태가 가끔 부담스러울 때가 있어요.
이 오랜 시간을 이어받아 잘 가꾸어 내야 한다는
마음에서 비롯된 것일까요. 시간이 갈수록 특별히
귀하고 대단히 멋진 식물보다 나만이 알아보는
식물, 조용하고 소박한 식물에 마음에 빼앗기게
돼요. 바람에 흔들리는 풀 잎사귀를 바라보면
기분이 산뜻해지기도 하고요.

저는 선생님과 잎을 정리하는 오후가 참 좋아요.
해가 뉘엿뉘엿 저무는 이 시간이 특별히 다정하게
느껴져요. 선생님은 그럴 때마다 그리움이
찾아드는 시간이라고 하셨죠.

날마다 성숙되어가는 나무의 멋을 바라봅니다.
닮고 싶은 간절한 바람, 값으로 평가되기보다
그 가치에 의미를 담고 싶어요. 모든 이에게
인정받기보다 나의 부족함을 진정으로 이해해 주는
나무 한 그루만으로 충분합니다. 누구든 젊음의
한가운데에 있기를 원하나 분재는 나이가 들수록
성숙의 가치가 생깁니다. 세월을 거부할 수 없기에
분재를 닮아 품위 있게 나이 들고 싶은 마음입니다.

선생님, 어느 날은 식물에 대해 다 아는 것만
같다가도 또 어느 날에는 도무지 아무것도
모르겠다는 막막한 날도 생기더라고요. 이렇게
해도, 저렇게 해도 답이 보이지 않는 분재의
세계에서 헛발질만 하는 것 같다고 생각하던 날,
선생님께 이런 제 마음을 말씀드렸죠. 그때
선생님께서는 제게 기본으로 돌아가라고 하셨어요.

매일매일 나무에 물을 주고 바람을 쐬어주는 일이 가장 중요한 일이어서 아침부터 부지런을 떨면 식물도 반짝반짝 더 빛을 냅니다. 어쩌면 나를 이렇게 나아가게 하는 건 식물의 힘이 아닌가 싶어요. 식물에 고마움을 표현하면서 식물이 주는 위로를 기꺼이 받습니다.

살아 있음에 감사하고, 작업할 수 있음에 행복한
일상. 오늘도 끊임없이 내 흔적을 심지요. 추위에
못 견뎌 얼어 터진 분토 위로 솟아오르는 새 생명들,
메마른 가지에 물오르는 소리, 안개같이 피어나는
작은 풀꽃. 혼자 있어도 홀로가 아님을… 오늘도
나의 존재감을 느낍니다. 내 작은 삶의 터전에서요.
이름표 없이도 늘 한결같은 마음으로 제자리를
지켜내는 작은 풀꽃들. 화려하지도 향기도 없는
분홍 버들을 옮겨 심으며.

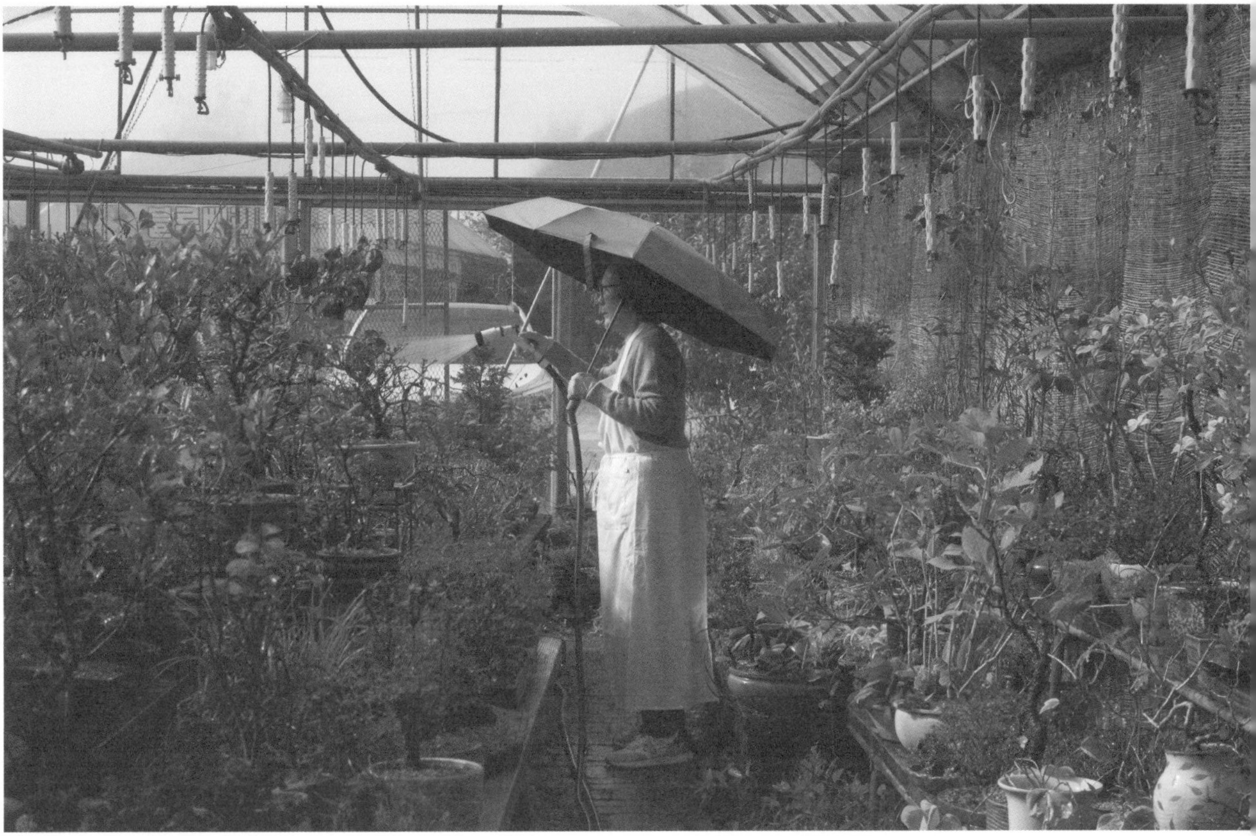

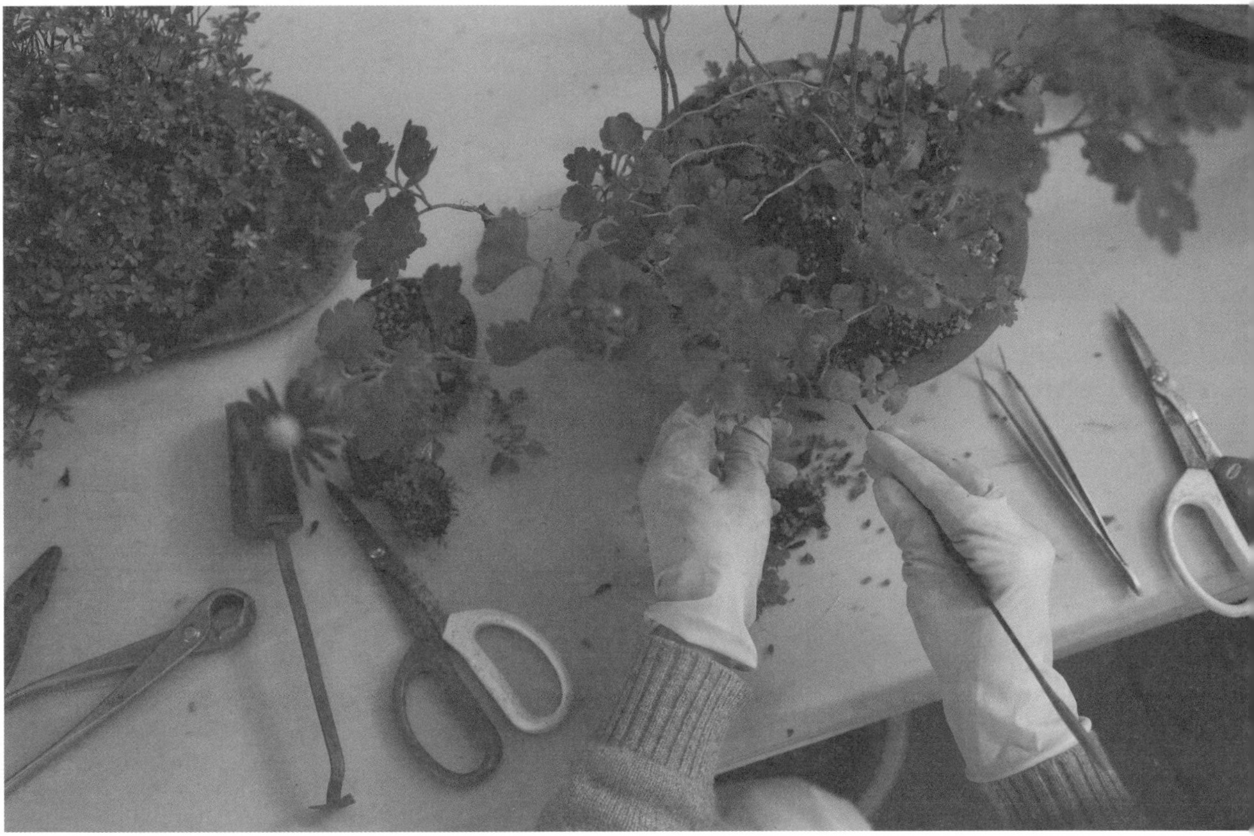

아무 걱정 없는 하루를 보내다 보면 문득 두려워질 때가 있어요. 지금이 가장 좋은 때인 것 같아서요. 언젠가 지금을 그리워할 날이 오겠지, 하고 살다 보면 반드시 겪어야만 하는 아픔에 대해 자꾸만 생각하게 되는 거예요. 이를테면 죽음 같은 걸요. 쓸쓸함, 그리움 이런 감정이 많이 아프잖아요. 식물은 삶과 죽음이 공생하기에 그 끝을 헤아릴 수 없어 좋아요. 잎이 떨어지면 머지않아 새순이 돋고, 오래된 뿌리를 자르면 새 뿌리가 나와 나무를 젊어지게 만들어요. 분갈이를 통해 새 생명을 불어넣는 일, 저를 계속해서 쓸모 있게 만들고 살아가게 해요.

성치 않은 잎들을 자르기 전에는 그런대로 보기 괜찮다고, 나아질 때까지 기다려 보자고 두고두고 바라보면서 마음을 씁니다. 그러다 문득 결심이 서는 날이 있어요. 어물쩍 보낸 지난날이 마음의 예열을 위한 시간이었구나 싶어요. 용기가 생긴 날 못난 표정을 미련 없이 잘라내고는 내가 결정한 일로 잘려진 식물의 새잎을 기다리는 일에 다시 온 책임과 정성을 쏟아 냅니다.

식물은 머리로 키우는 것이 아니라 가슴으로
키우는 것이지요. 사람의 표정을 보고 마음을
읽듯이, 잎의 표정을 보고 뿌리의 상태를
가늠합니다. 끊임없이 보살피며 가꾸고 기다리며
절제된 사랑을 익히는 것이 분재의 자세입니다.
시작은 내가 그들을 키우는 듯했으나, 지금은
그들이 나를 키우며 함께 성장해 갑니다. 그대들
있음에 내가 있고, 또한 내가 있음에 그대들이 있는
거지요. 여기, 함께하는 삶이 있어요.

선생님을 만나기 전에는 그저 분재의 작고 소박한 모습이 좋아 무작정 가게에 있는 식물 뿌리를 꾹꾹 누르고 뭉쳐서 작은 화분으로 옮겨 심곤 했어요. 머지않아 비실거리고 죽는 일이 허다했죠. 작은 화분에서도 건강히 살고 있는 누군가의 식물을 볼 때면 '나는 정말 식물을 키우는 데 소질이 없나?', '왜 내가 심은 식물만 자꾸 죽는 거야?' 야속하다는 생각을 자주 했던 것 같아요. 분재라는 것은 보이는 것뿐만 아니라 가꾸는 환경, 심는 용토, 관리법 등의 많은 부분이 일반 식물과는 다른 건데 말이에요. 분재만이 갖는 작고 단아한 분위기에 마음을 빼앗겨 무작정 따라 하기 시작했던 지난날의 저처럼 낮은 화분의 형태는 많은 이에게 신비로운 인상을 주는 큰 매력 중 하나인 것 같아요.

선생님, 이 외에도 분재가 다른 식물과 다른 점이 무엇인지, 분재를 시작하며 시행착오를 겪는 분들께 어떻게 쉽게 설명할 수 있을까요?

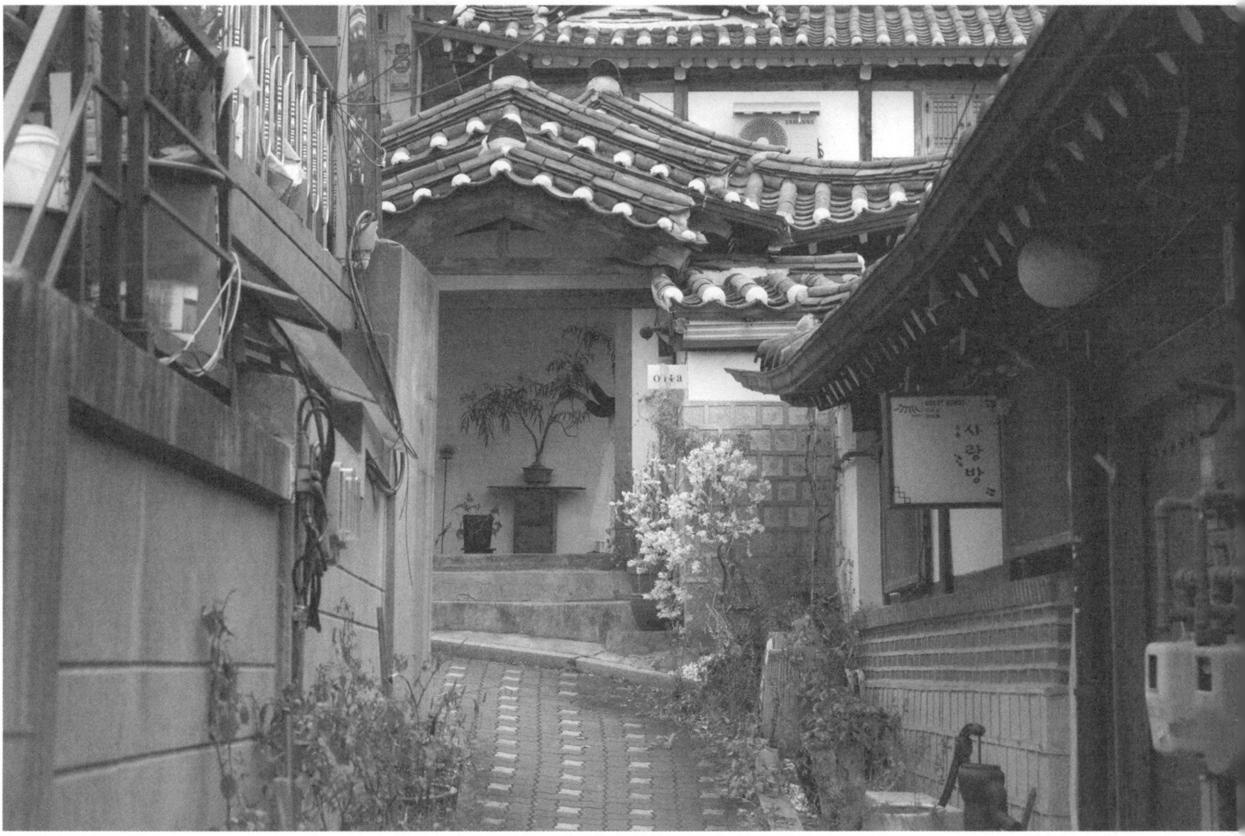
사랑방

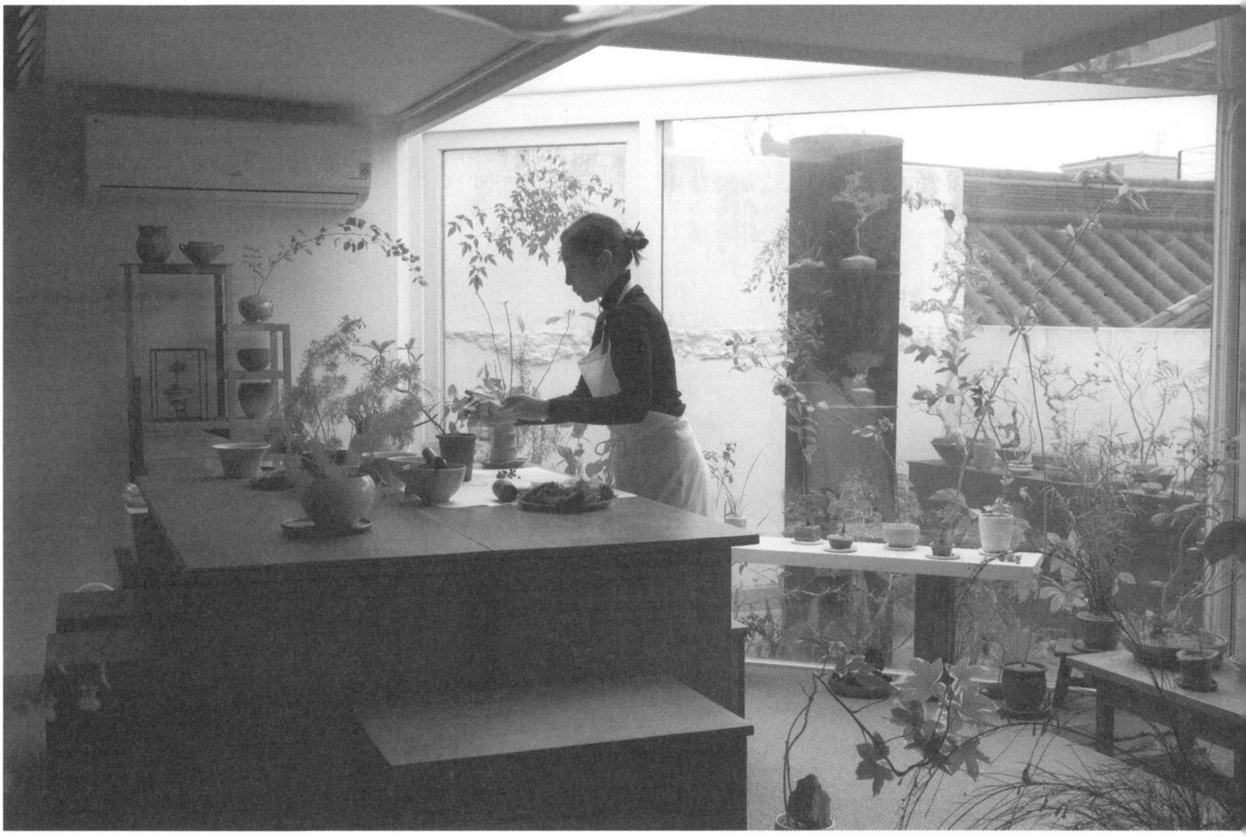

제 곁의 나무들이 저를 더 나은 사람이 되게 한다고
느껴요. 화분에 뿌리를 내리는 나무에는 넓고 깊은
토양 대신 저라는 사람이 존재하는 거예요.
움직이지 못하고 말을 할 수도 없는 이 작은 생명은
조용하지만 치열하게 표현하고 있어요.
나무의 표현을 느끼고 해결하는 일상은 제 삶에
일어나는 크고 작은 변화를 자연스레 인정하게
만들어요. 속상한 일도, 기쁜 일도 마치 잎이 돋고
떨어지는 것처럼, 떨어져도 이내 또다시 돋는
것처럼요. 다 지나간다… 다시 온다. 이렇게요.
마음속에 보이지 않는 나무가 살고 있다고 생각해
봐요. 그리고 나무를 가꾸듯 마음속 나무도
관찰해요. 오늘 잎 상태는 어떤지, 물이 부족한 건
아닌지, 곰곰 들여다보고 헤아려보는 거죠. 그렇게
나무도, 우리 자신도 함께 가꾸며 성장하는 거예요.
오래 가꾼 나무에는 매일의 이야기와 희로애락이
켜켜이 담겨 있어요. 나무의 굵은 줄기, 촘촘한
잔가지 곳곳에서 지난 기쁨을, 위로를, 지혜를
다시 발견할 수 있어요. 시간을 쌓은 나무를
바라보는 일만으로 저는 조용히 충족돼요.

4장

분재하는 마음

분재를 통해 새 생명을 불어넣는 일,
저를 계속해서 쓸모 있게 만들고 살아가게 해요.

군배충

방패벌레라 불리는 군배충은 잎 뒷면에서 수액을 흡수하는 날개를 가진 충해입니다. 특히 철쭉류의 잎이 뿌옇게 변하는 증상이 있습니다. 방제에는 '스미치온', '파라치온' 등이 좋습니다.

하늘소

하늘소는 유충이 목질부를 파고들어가 형성층을 가해하여 나무가 고사하는 경우가 많습니다. 분 주위에 톱밥 같은 것이 발견된다면 이는 하늘소로 인한 피해인 것이므로 '파라치온' 등의 살충제를 뿌려 방제합니다.

충해

진딧물

진딧물은 모든 식물의 새순이나 어린 잎 뒷면에 붙어 즙액을 흡수하며 그을음병까지 발생시킵니다. '메타시스톡스' 등으로 방제합니다.

깍지벌레

깍지벌레는 개각충이라고도 합니다. 납질물로 몸을 덮고 잎에 밀착해 있습니다. 일반 살충제를 뿌려서는 효과가 없고 '수프라사이드'로 구제해야 합니다. 살포 후 반드시 확인하는데, 손톱으로 눌렀을 때 피와 같은 것이 묻어 나오면 아직 살아 있는 것이며 흰 가루가 나오면 죽은 것으로 봅니다. 소나무류의 잎 사이에 솜처럼 붙어 있는 것도 개각충의 일종, 솜개각충이라고 합니다.

응애

응애는 나뭇잎에 붙어 수액을 흡수하므로 나뭇잎이 생기를 잃어 뿌옇게 변하는 증상이 있습니다. 특히 향나무류(진백)에 심합니다. 흰 종이를 깔고 그 위에서 잎을 털면 먼지처럼 떨어지는 움직이는 것이 바로 응애입니다. 방제에는 '캘센' 등이 효과적입니다.

병해

흰가루병

흰가루병은 백분병이라고도 이야기합니다. 잎, 새순, 어린 가지 등에 흰 가루를 뿌려 놓은 것 같은 증상이 있습니다. 특히 배롱나무, 구기자, 장미 등에 잘 발생합니다. 이때 '벤레이트'를 살포합니다.

적성병

적성병은 배나무, 모과나무, 애기사과 등에 잘 발생합니다. 처음에는 잎 뒤에 붉은 반점이 생기는 듯하고, 이 반점이 점점 커져서 뿔같이 튀어나와 곧 떠돌며 향나무류에 기생합니다. 이후 봄이 되면 다시 떠돌다가 배나무나 모과나무 잎에 침해하는 무서운 병입니다. 일반 살균제를 희석해 살포합니다.

근두암종

근두암종은 장미과 나무류의 줄기나 뿌리에 암 조직이 형성되는 병입니다. 예방을 위해 장미과 나무류는 봄보다 가을에 분갈이, 삽목을 권합니다. 근두암종이 발견되면 혹을 자르고 그 부위에 석회유황합제를 바릅니다.

병해와 충해에 대해서

건강한 사람은 쉽게 병에 걸리거나 외부 요인에 감염되지 않듯이 건강한 나무도 병해충의 발생이 적습니다. 건강한 나무라 하면 충분한 햇빛, 통풍, 습도가 높고 좋은 환경에서 배양되며 이후 적당한 물 주기, 비료 주기 등의 올바른 관리를 통해 자란 나무입니다. 방제를 생각하기 전에 먼저 건강한 나무를 위한 배양 장소와 그 관리법에 대해 생각해 봅니다. 병이 발생한 후의 치료보다 그 이전의 예방이 더 중요한 작업입니다.

나무의 건강을 해치는 병에는 해충으로 인한 충해와 곰팡이가 있으며 바이러스, 선충에 의한 병해가 있습니다.

환상박피

Tip

환상 박피를 위한 방법

① 뿌리를 내고 싶은 곳의 바로 밑을 직경 1.5배 정도로 목질부가 드러나게 수피를 잘라 벗겨냅니다.
② 박피한 윗부분의 수피를 톱니처럼 잘라내면 뿌리가 고루 나오는 효과가 있습니다.
③ 박피한 부위에 물에 적신 수태를 줄기 굵기의 2배 정도 부피로 단단히 감습니다.
④ 수태 위를 투명한 비닐로 덮은 후 위아래를 묶습니다.
⑤ 아래는 단단히 묶고 위에는 헐겁게 묶습니다.
⑥ 수태에 수분이 부족하면 발근이 늦어지고 물을 너무 자주 주면 뿌리가 썩을 수 있으므로 비닐 안의 수분 상태에 유의합니다.
⑦ 건조한 듯 보이면 위의 묶음을 살짝 풀고 물을 줍니다.
⑧ 발근까지 빠르면 1~2개월, 늦으면 2~3년도 걸릴 수 있습니다.
⑨ 비닐 속으로 보이는 새 뿌리가 흰색에서 황색으로 변하면 나무를 잘라냅니다.
⑩ 뿌리가 상하지 않도록 유의해 수태를 걷어냅니다. 수태가 많이 남아 있으면 과습으로 썩을 수 있으니, 진한 황토물에 담갔다가 수태를 풀어줍니다.
⑪ 수태를 푼 작은 나무를 그대로 화분에 심습니다.

취목

취목은 휘묻이(묻어떼기), 공중떼기(높이떼기)의 방법이 있습니다. 휘묻이는 뿌리내리기 쉬운 나무나 줄기, 가지를 휘어서 습기 있는 땅에 묻어 뿌리를 내리는 방법입니다. 공중떼기는 뿌리를 내리고 싶은 가지나 줄기의 부위에 껍질을 벗기고 뿌리내리는 방법입니다. 이때 껍질을 벗긴 자리에 수태를 감고, 그 위를 비닐로 완전히 덮고 묶어 뿌리가 나오면 잘라 떼어냅니다.

공중떼기의 방법을 '환상박피'라고 하는데 이 방법은 삽목이 곤란한 수종에 용이하고, 접목과 같은 고도의 기술이 필요하지 않습니다. 짧은 시간에 원하는 수형의 근사한 소품 분재를 만들 수 있으며, 새 뿌리를 내고 자르는 방법이기에 뿌리 뻗음을 좋게 합니다. 환상박피에 의한 취목 시에는 목질부를 절단하지 않으므로 뿌리로부터 수분과 무기물의 공급이 그대로 유지되나, 뿌리가 자랄 때에는 건조하지 않을 정도의 수분을 지속적으로 공급해 줘야 합니다.

취목의 적정 시기는 5월 하순에서 7월 중순까지로 장마철을 겪어야 성공할 확률이 높습니다. 온도는 23~25℃이지만, 상록수 중에는 30℃ 정도에서 발근이 잘 되는 것도 있으며 낙엽수는 20℃ 전후에도 발근이 잘됩니다.

접목

꽃은 화려하나 향이 없고, 아름다우나 생명력이 약할 때, 때깔은 좋으나 맛이 없는 열매(과일)일 때에 같은 혈통 중 생명력이 강한 식물의 뿌리 힘을 빌어서 향기 있고 강한 식물, 혹은 맛 좋은 열매를 맺는 방법입니다. 즉 두 개의 식물체를 조직적으로 결합시켜 하나의 공동체로 탄생시키는 것입니다. 실생이나 삽목으로의 번식이 곤란한 식물에 이용되는 접목은 가지가 없는 곳에 가지를 붙여서 가지를 만들고, 뿌리를 접해서 골고루 뻗은 사방 뿌리를 만들 수 있습니다. 분재의 수형을 개량할 수 있고, 개화와 결실을 촉진할 수 있으나 전문가가 아니면 실패할 확률이 높습니다.

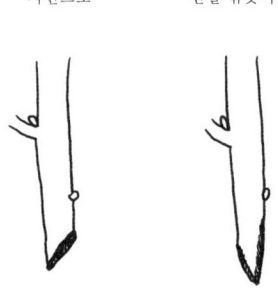

사선으로   연필 깎듯이

삽수는 다소 굵은 부분을 사용해야 형성체 부분에 어린 세포층이 두텁고 활력이 있어 발근률이 높아집니다. 길이는 낙엽 활엽 수종은 약 15cm, 상록 활엽 수종은 약 10~15cm, 침엽수는 7~10cm 정도가 적당합니다. 용토는 마사토 60%와 질석 40%를 혼합하여 사용합니다. 일반 수종은 15℃ 이상일 때 발근 활동을 시작합니다. 낙엽수는 20℃, 침엽수는 25℃ 전후, 상록 활엽수는 25.7℃가 적당한 온도입니다. 이때의 토양 습도는 50~60%가 좋습니다.

삽목

나무의 가지, 줄기뿐만 아니라 뿌리나 잎 등을 꺾꽂이하여 키우는 방법입니다. 방법이 간단해 많이 이용하는 방법이며 대량 생산도 가능합니다. 생명을 가진 나무는 어느 것 하나 버릴 것이 없습니다. 삽목 번식의 장점은 모수의 유전 형질을 그대로 계승할 수 있으며, 실생 번식에 비해 꽃 피우고 열매 맺는 기간이 단축될 수 있다는 점입니다. 다만 삽수의 대량 수집이 힘들고 희귀 품종이나 고가의 품질일수록 삽목이 잘 되지 않기에 경험과 관리의 기술이 필요합니다.

삽목용 분재 소재는 잎눈이 좌우로 두세 개 이상 나 있는 것을 해야 뿌리가 고루 내릴 수 있으며, 수세가 강한 나무의 튼튼한 가지 중간 부위를 삽수로 사용하면 활착이 더욱 좋습니다. 또한 줄기나 가지를 전정하고 난 후 그곳에서 나온 햇가지를 채취해 사용하면 생리적으로 젊고 활력이 높아 발근률이 좋아집니다. 편백, 측백, 삼나무, 향나무, 등나무는 가지의 끝 부분을 채취하면 좋고, 낙엽수의 일년지는 가지의 가운데 부분이 부드러워 활착률이 좋습니다. 채취는 생장 휴지기인 장마철에 행하며 이때 삽수의 단면적은 물을 흡수할 수 있는 면적이 넓도록 사선으로 잘라줍니다.

상처가 상처로 남지 않게 뿌리를 내려 새로운 생명이 태어나게 함은 삽목이 갖는 깊은 의미이기도 합니다.

식물의 번식 방법에 대해서

실생

씨를 뿌려 식물을 번식시키는 방법입니다. 뿌린 대로 거둔다는 말이 있듯이 어릴 때부터 원하는 수형으로 유도하여 이상형의 수형을 만들 수 있다는 것이 장점입니다. 이 방법은 대량 생산이 가능하나, 성목이 될 때까지 너무 오랜 시간이 걸린다는 아쉬운 점이 있습니다. 씨앗이 발아하기 위해서는 적당한 수분과 산소 공급이 필요합니다. 발아의 적정 온도는 수종에 따라 다르나 평균 기온 18℃ 전후가 적정인 식물이 많습니다. 짧은 기간에 높은 발아율을 얻고자 할 때에는 적온기에 파종하는 것이 좋겠지요.

실생 용토의 배합은 마사토 60%와 피트모스 또는 질석(버미큘라이트) 40%를 혼합합니다. 이 혼합 용토에 씨를 뿌리고 그 위에 채로 친 가는 흙으로 종자를 가볍게 복토합니다. 이 때에는 햇빛을 피하고 자연 중의 비를 맞지 않도록 주의합니다.

개화기

아름다운 꽃을 피운다는 건 사람들에게 즐거운 일이나 많은 에너지를 쏟고 있는 식물엔 힘겨운 일입니다. 꽃을 피우는 때는 충분한 관수를 통해 물을 말리지 않아야 하며, 물을 줄 때 꽃에 물이 닿지 않도록 주의해야 합니다. 고통의 과정을 견디고 꽃을 피우게 됩니다. 개화 시에는 부드러운 빛을 받도록 차광해 주어야 보다 오랜 시간 꽃을 감상할 수 있습니다.

개화기도 화아분화기와 마찬가지로 꽃눈을 형성할 때나, 꽃이 피었을 때 모두 비료를 주지 않는 것이 좋습니다. 비료는 꽃이 지고 나서 수고했다는 의미로 영양을 보충해 주는 것이 좋습니다. 다만 사계절 내내 띄엄띄엄 꽃을 피우는 사계성 꽃분재나, 개화기가 유독 긴 꽃나무는 개화기 중일지라도 나무가 지치지 않도록 비료를 줄 수 있다는 예외도 있습니다.

시기

이른 봄에 피는 꽃은 그 전 해의 여름을 지나면서 꽃눈이 형성됩니다. 가을에 피는 꽃은 그 해의 여름에서 가을에 걸쳐 꽃눈이 형성됩니다. 꽃의 종류와 나무의 환경, 일조량에 따라서 다소 차이가 있을 수 있습니다.

C/N률

꽃눈이 형성되는 시기의 잎은 질소보다 탄수화물(C)이 많아야 한다는 비율입니다. 가지치기 후 새로 나온 잎에는 질소 성분이 많습니다. 질소 성분이 많은 잎은 연두색을 띄는 어린잎입니다. 질소가 많은 잎에서 탄수화물의 함량이 많아지려면 적어도 30~40일 정도의 시간이 필요합니다. 꽃눈을 형성하기 위해 광합성으로 탄수화물을 축척할 시간이 필요한 것이지요.

꽃눈을 형성하려면 건강한 잎이 많아야 하므로 화아분화가 시작되기 약 한 달 전에는 병충해가 없도록 관리하고, 물을 말려 잎이 떨어지는 일이 없도록 해주세요. 이 시기에 가지치기는 신중해야 합니다. 화분 속의 식물이 아닌 자연 중의 식물은 화아분화 시기를 염두에 둘 필요가 없지만, 분재는 나무의 수형미와 꽃을 함께 즐기는 것이기 때문에 화아분화기를 염두에 두고 이에 맞는 관리를 해야 합니다.

꽃 피는 식물에 대해서

화아분화기

화아분화가 이루어져야 꽃을 피울 수 있기 때문에, 화아분화 시기에 올바른 관리가 더욱 중요합니다. 개화기와 화아분화기는 서로 다른 시기이며 관리 방법도 정반대입니다. 꽃눈을 형성하기 위해서는 적당한 고통이 필요합니다. 식물에 고통을 준다는 말이 이해되지 않을 수 있으나, 꽃을 보기 위해서는 적당한 고통도 약이 될 수 있음을 기억해 주세요. 꽃눈을 형성하는 시기에 환경이 편안하면 몸만 성장합니다. 꽃을 맺기 위한 고통은 강한 햇빛, 적당한 목 마름, 비료를 주지 않는 것입니다. 그 대신 화아분화기 이전에 충분한 비료를 줘서 나무의 세력을 보충해 두어야만 고통을 견딜 수 있습니다.

매화의 경우 한여름 뜨거운 햇빛 아래 힘들여 꽃눈을 형성한 후에도 만족하지 않고 늦가을의 된서리를 두세 번 맞혀야만 비로소 화아분화의 과정이 끝이 납니다. 꽃눈이 형성되는 시기에는 물 부족이나 병충해로 인한 잎의 손상으로 광합성에 장애가 되지 않도록 주의해야 하며, 애써 화아분화가 된 가지를 자를 수 있는 우려가 있기에 가지치기를 하지 않습니다.

고형 비료

고형 비료는 지효성으로, 효과가 서서히 나타납니다. 분갈이 이후 약 4주 뒤에 처음 주는 비료나 겨울 휴면을 끝내고 봄에 시작하는 첫 비료는 뿌리에 무리가 가지 않는 고형 비료가 안전합니다. 고형 비료는 생장기 동안 약 한 달에 한 번씩 교체해 줍니다.

액체 비료

액체 비료는 속효성으로, 비료를 바로 흡수하여 효과가 빠르게 나타납니다. 건강한 식물에 활력을 줄 때는 좋지만 연약한 식물에는 역효과가 날 수 있습니다. 액체 비료는 가능한 한 정량보다 엷게 희석해서 조금씩 자주 주는 것이 효과적입니다. 약 10일에 한 번의 주기가 적당하며, 식물의 상태가 좋지 않을 때는 액체 비료를 물에 희석해 엽비 하는 방법을 권합니다.

유기질 비료

천연의 비료를 말합니다. 기름을 짜고 남은 찌꺼기인 '깻묵', 넓은 잎이 발효된 '퇴비', 갈비뼈로 만든 '골분', 쌀겨로 만든 '미강', 짚을 태운 재로 만든 '짚재', 숯을 만드는 과정 중에 나오는 '목초액' 등이 이에 속합니다.

무기질 비료

화학적으로 만든 인공 비료입니다. 많이 사용하는 하이포넥스, 북살, 마감프 K, 나르겐, 비왕 등이 있습니다. 우리가 자연식품을 지향하는 것처럼 식물 생장에도 천연 비료가 좋긴 합니다. 그러나 천연 비료가 100% 완전할 수 없기 때문에 화학 비료인 무기질 비료를 함께 사용하는 것이지요. 화학 비료에만 의존하면 식물이 도장하거나 약해질 가능성이 있으니, 두 종류를 병행하되 늘 천연 비료를 중심으로 두고 사용해 주세요.

칼륨(K)

잎과 줄기를 튼튼하게 하며 꽃의 색깔을 아름답게 하고, 충실한 열매를 맺게 하는 데 도움을 줍니다. 또한 뿌리 발달에 좋은 영향을 끼칩니다. 칼륨은 병충해와 추위에 대한 저항력을 증가시키며, 산성화된 토양을 중화시키며, 화아분화를 촉진시킵니다. 또한 실내에서 식물을 기를 때 부족한 햇빛을 다소 보충해 줍니다.

잿물

봄의 비료보다 가을의 비료가 더 중요합니다. 보통 겨울을 나고 봄에 새로운 힘으로 깨어나는 힘은 바로 가을 비료의 힘입니다. 가을 비료와 함께 보충해 주면 좋은 자연 비료는 잿물(목초액)입니다. 잿물은 칼륨 성분이 많습니다. 연하게 희석한 잿물은 살충작용 및 산성화된 토양을 중화시켜 주며, 화아분화된 식물의 꽃눈을 촉진시켜 주고 겨울의 추위를 이기는 데 도움이 됩니다. 이는 강한 알칼리성이기 때문에 반드시 물에 극소량을 희석해서 사용합니다.

질소(N)

봄에 자라는 식물에 체력을 길러주고 키와 몸을 자라게 합니다. 질소는 엽록소의 주성분입니다. 잎이 건강해야 광합성 작용도 활발하게 진행하기 때문에 질소는 꼭 필요한 생장의 힘이라고 할 수 있습니다. 질소가 있어야만 단백질과 엽록소를 만들 수 있습니다. 단백질은 식물의 몸을 구성하고 자라게 하며, 엽록소는 생장에 필요한 에너지를 생성하는 광합성 과정에 관여하는 핵심 요소입니다. 식물은 광합성을 통해서 당을 얻게 됩니다. 질소가 부족하면 잎이 노랗게 변할 수 있고, 양이 지나치면 잎과 줄기가 도장하고 추위와 병충해에 약해질 수 있으니 질소는 넘치지 않게 다소 부족한 듯 줍니다.

인산(P)

꽃과 열매를 보기 위한 필수 요소입니다. 또한 인산은 잎과 줄기를 많이 내고 뿌리를 튼튼하게 합니다. 특히 어린 식물에 많이 필요하며 나무의 틀을 잡아줍니다. 인산은 질소에 비해 넉넉히 줘도 괜찮습니다.

비료의 3대 요소

비료 내용	질소	인산	칼륨
잎과 줄기	자라게 한다.	많게 한다.	튼튼하게 한다.
잎	건강하게 한다.		
꽃			색깔과 향을 좋게 한다.
열매		맺은 열매를 굳게 한다.	열매를 맺게 한다.
많은 비료	깻묵, 퇴비, 요소, 부엽토	쌀겨, 미강, 골분, 생선내장	초목회, 잿물, 왕겨 그을린 것
단백질	형성	이동	저장
장점		특히 어린 식물에 많이 필요하며 나무의 틀을 잡아준다.	충분히 주면 병충해와 추위에 대한 저항력이 증가한다. 실내에서 식물을 기를 때 부족한 햇빛 양을 보충한다.
과다증	도장이 일어난다. 꽃눈 형성이 잘 이루어지지 않는다. 겨울 추위와 병충해에 약해진다.	질소에 비해 넉넉히 줘도 괜찮다.	
결핍증	잎이 누렇게 된다. 성장이 멈춘다.	잎이 작아진다. 윤기가 없어진다. 잎이 자색으로 변한다.	잎 색이 갈색으로 되며 잎 가장자리가 마른다. 잎에 갈색 반점이 생긴다.

비료의 종류

우리는 봄과 가을에 나무 생장에 힘을 실어주고, 여름과 겨울 같은 시련에 무너지지 않도록 하며, 병충해에 맞설 용기와 꽃 피운 결실에 대한 보답의 의미로 시기에 맞는 비료를 줍니다. 비료가 물을 대체할 수는 없지만 멋진 조력자의 역할을 합니다. 비료의 성분과 역할을 알고 알맞은 때 쓰임이 좋은 비료를 주세요. 그리고 나무의 건강한 미래를 기대하세요.

봄, 신장/영양생장기

봄의 1차 생장은 잎눈이 움트고 이내 키와 몸이 커지는 때로, '신장생장'이라고 합니다. 한참 자라는 아이들이 영양 섭취가 좋아야 큰다는 말처럼, 1차 생장기에는 주로 질소 성분의 영양을 잘 챙겨줘야 합니다. 고로 '영양생장기'라고도 부릅니다.

가을, 비대/생식생장기

가을의 2차 생장은 봄의 생장과는 다른 변화가 있습니다. 낮의 기온은 높은 데 비해 밤의 기온이 낮아 일교차가 커지면서 뿌리에서 만든 영양분을 줄기 끝까지 운반하지 못하고 그루터기에 멈추어 줄기가 비대해지므로 '비대생장'이라고 하며, 꽃을 피웠던 식물이 씨나 열매를 맺어 자손을 번식시키는 계절이므로 '생식생장기'라고도 합니다.

영양생장기와 생식생장기

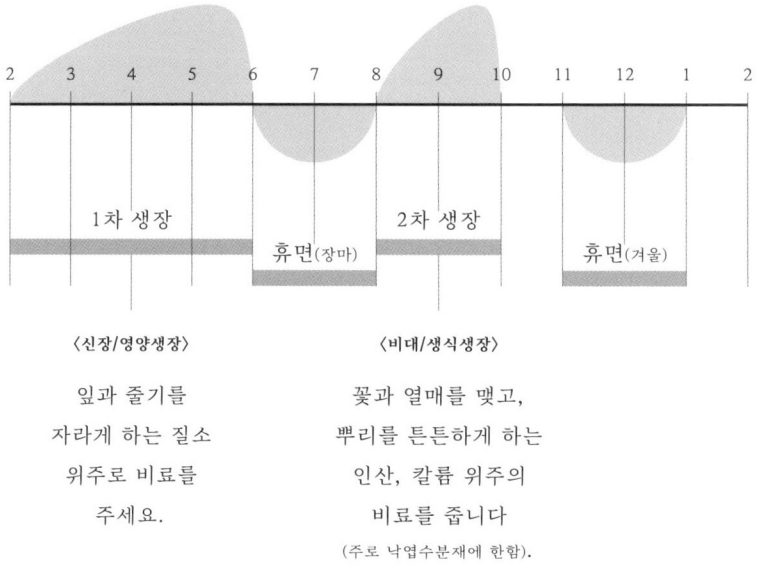

나무는 따듯한 봄부터 장마철 전까지 첫 번째 성장을, 초가을부터 겨울 전까지 두 번째 성장을 합니다. 비료는 계절에 따라, 잎과 꽃과 열매의 유무에 따라, 나무의 수령 또는 건강 상태에 따라 다르게 줍니다. 건강한 나무는 비료를 다소 넉넉하게 주고 약한 나무일수록 희석해서 엷게 줍니다. 사람처럼 나무도 어린나무일 때는 비료를 왕성하게 흡수하며, 고목일수록 나이가 들어 소화 능력이 떨어지듯 흡수 능력이 떨어지기에 더 엷게 희석해서 자주 주는 것입니다.

(잎에다 비료 주는 행위)하며 잎의 회복을 도모할 수 있습니다. 환자가 병원에 입원해 휴식을 취하듯, 회복이 필요한 식물에는 강한 햇빛과 강한 바람을 피해줍니다. 이후 나무의 회복 속도에 따라 차근히 자연의 환경으로 내어줍니다. 그리고 자연의 치유력을 믿으면서 인내를 가지고 나무의 건강한 회복을 기다립니다.

식물이 아플 때 분갈이

물 빠짐이 잘 되도록 굵은 토양으로 심습니다. 물 빠짐이 잘 되면 토양의 건조가 빨라 물을 자주 줘야 하고 따라서 산소 공급이 잘 이루어져 뿌리의 회복을 도울 수 있습니다. 상태가 안 좋은 식물일수록 굵은 토양으로 심는 것이 좋습니다. 단, 마를 때마다 물을 줘야 합니다.

지기 地氣

식물이 지쳐 보이거나 제때에 분갈이를 해주지 못했을 때, 또는 분에서 꽃을 피우지 못할 때, 화분 채로 땅에 내려놓고 땅의 기운을 빌릴 수 있습니다. 화분의 배수구 사이로 지기를 받은 나무는 차츰 제 호흡을 되찾습니다. 땅(흙)은 마치 엄마의 품과도 같습니다. 파헤쳐도 파헤쳐도 언제든 받아들이며 회복이라는 힘을 내어줍니다. 땅의 기운, 지기를 떠올리는 것만으로 제 마음은 위안과 용기를 얻습니다.

수세 회복을 위한 관리

화분 속 나무가 아픈 이유는 참 다양합니다. 잎이 노랗거나 검게 변하기도 하고, 갑자기 잎이 우수수 떨어지기도 합니다. 한마디로 설명할 수 없는 건 식물이 놓인 환경, 관리법, 뿌리 상태 등이 다 제각각이기 때문입니다. 원인은 뚜렷이 알 수 없지만 나무의 상태가 심상치 않다면 분을 털어 뿌리의 상태를 확인합니다. 지상부가 변하는 건 이미 뿌리에 문제가 생겼다는 뜻입니다. 뿌리에 이상이 있다면 수분을 흡수하는 힘도 약해지기 마련이지요. 이때 뿌리에 과습이 오지 않도록 반드시 겉흙이 마르는 것을 확인하고 물 주기를 해야 합니다. 대신 물을 한 번 줄 때 화분의 배수구로 물이 흐를 때까지 충분히 줍니다.

뿌리가 속히 회복하기를 바라는 마음에서 비료를 주는 것은 절대 금물입니다. 뿌리는 아플 때 물뿐만 아니라 비료를 흡수하는 능력도 떨어집니다. 고농도의 비료가 뿌리를 썩게 만들 수 있습니다. 건강한 나무에는 물과 비료를 다소 많이 줘도 탈이 없지만, 약한 나무일수록 영양분을 인색하게 주는 것이 올바른 관리입니다. 뿌리가 부실해서 충분한 영양을 흡수하지 못할 때에는 엽수를 통해 습도를 유지해 주며, 물에 희석한 액체 비료를 엽비

3장

활력을 불어넣는 관리법

매일 나무에 물을 주고 바람을 쐬어주는 일이 가장 중요한 일이어서
아침부터 부지런을 떨면 식물도 더 빛을 냅니다.

마무리하기

작은 가지에 철사를 강하게 감고, 끝을 남김없이 자르면 철사의 끝부분이 나무를 파고들어 철사를 끊어낼 때 나무를 상하게 하기 쉽습니다. 철사의 끝을 조금 남겨 느슨하게 묶어두면 풀어지지도 않고, 나무를 파고들지 않아 보다 안전합니다. 또한 철사로 가지나 잎을 규칙적으로 세워놓으면 마치 조화를 보는 것처럼 인위적인 느낌이 들기도 하니, 높고 낮음이 조화롭게 나무 각자의 개성을 담아 연출합니다.

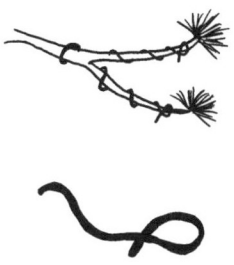

Tip

- 철사걸이를 하기 전에는 물 주기를 하지 않습니다. 물을 주고 철사걸이를 하면 나뭇가지가 부러질 수 있어요.
- 분갈이와 철사걸이는 한 번에 실행하지 않고 시간 간격을 주세요.
- 철사걸이 이후 약 한 달 동안은 강한 햇빛을 보지 않게 하고 온화한 환경에서 보호해 주세요.
- 낙엽수는 너무 추울 때 철사걸이를 하면 가지가 마를 수 있습니다.
- 소나무는 겨울의 휴면기 때 철사걸이를 하되, 너무 추운 겨울에는 피해 주세요.

방향 바꾸기

윗부분과 아랫부분에 곡을 넣고자 하는 방향이 반대일 경우, 철사를 감아가는 도중 다른 가지에 감아서 방향을 바꿔줄 수 있습니다.

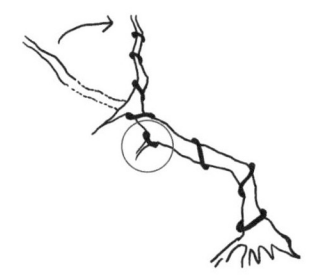

철사 교정

철사를 너무 거칠게 감아 놓으면 나무 속을 파고들 뿐 아니라 철사를 풀어줄 때도 곤란합니다. 여러 겹의 철사 교정이 필요하다면 먼저 감아 놓은 철사와 겹치거나 교차되지 않도록, 방향을 따라 감아주세요. 그렇게 하면 정돈되어 보여 한결 보기 편안합니다. 아무리 좋은 나무라도 철사걸이가 지저분하면 어지러워 보일 수 있습니다.

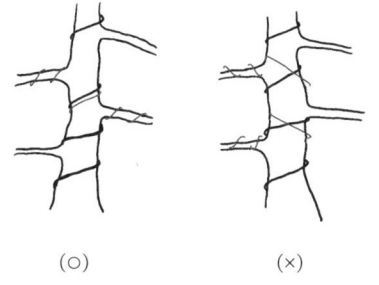

(O)   (×)

철사 굵기

줄기나 가지의 굵기에 따라 철사를 잘 사용하는 것이 중요합니다. 처음으로 수형을 잡고자 하는 나무는 가지보다 다소 굵은 철사를 사용합니다. 굵은 줄기는 굵은 철사로, 가는 줄기는 가는 철사를 사용해 줄기나 가지에 맞는 적당한 굵기의 철사를 사용하는 것이 좋습니다.

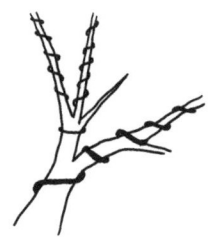

두 개의 가지를 걸 때

하나의 철사로 두 개의 가지를 걸 때 주의해야 할 점이 있습니다. 첫 번째 가지에서 시작해 다음 가지로 넘어갈 시 두 가지의 간격이 가깝지 않도록 해주세요. 두 가지의 간격이 가까우면 한 쪽 가지가 흔들릴 때 다른 가지도 함께 흔들릴 수 있어 가지의 간격이 여유가 있도록 합니다.

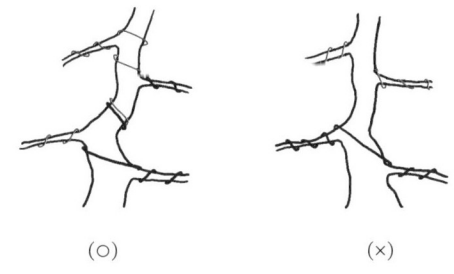

(O)　　　　　　　(X)

곡 주기

나무를 휘고자 하는 부분, 곡을 주려는 부분에 철사를 받쳐 줍니다.

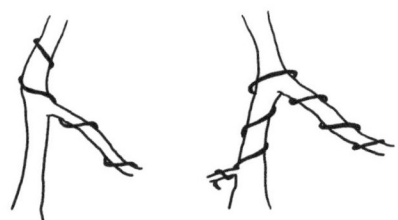

가지 내리기

가지를 아래로 내리려 한다면, 가지가 다치지 않게 그림과 같이할 수 있습니다. 철사를 가지의 뒤에 대고 감으면 나무에 무리가 가지 않도록 힘을 줄 수 있습니다. 아래쪽에 작은 가지가 있다면 지지대처럼 철사를 걸어 당기면 좋습니다.

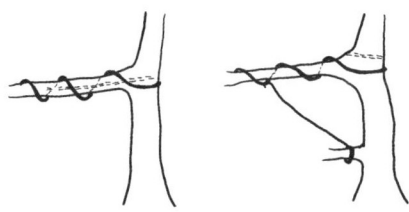

줄기 휘기

나무를 우측으로 휘고자 할 때는 철사를 오른쪽으로 감아주세요. 철사를 줄기나 가지에 너무 바짝 붙여 감으면 곡을 줘도 잘 휘어지지 않고, 철사가 나무를 파고 들어가게 됩니다. 또한 철사 간격을 너무 촘촘하게 감으면 철사가 굳어져서 나무의 생육에도 좋지 않고 시간도 많이 걸립니다. 철사는 자연스럽게 휘어주면서 적당한 간격으로 감아주세요. 너무 바짝 걸지 않고, 느슨히 감아 휘면서 조여줍니다. 단 너무 느슨해도 의미가 없으니 그 적당함을 연습을 통해 이해봅니다.

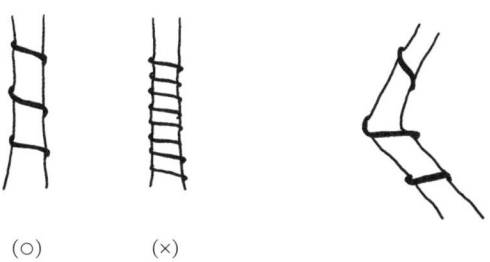

퍼지지 않는 뿌리

뭉쳐 있거나 풀어지지 않는 뿌리가 있다면 뿌리 사이에 돌을 끼워줍니다.

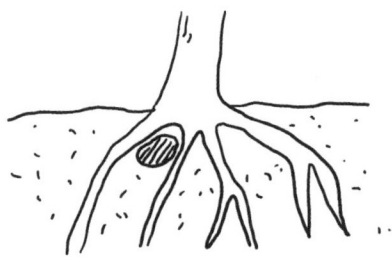

뿌리쪽 줄기 휘기

줄기를 뿌리 밑에서부터 휘고자 할 때는 철사가 움직이지 않도록 뿌리 쪽의 철사를 마끈 등으로 감아놓은 후 휘어주고 끈을 풀어줍니다.

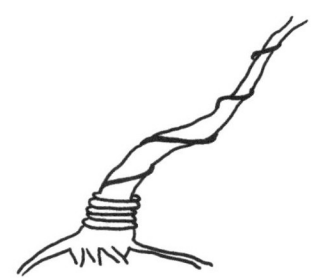

첫 부분

철사걸이의 첫 부분은 정면 뒷부분에서 철사를 깊게 넣어 시작합니다.

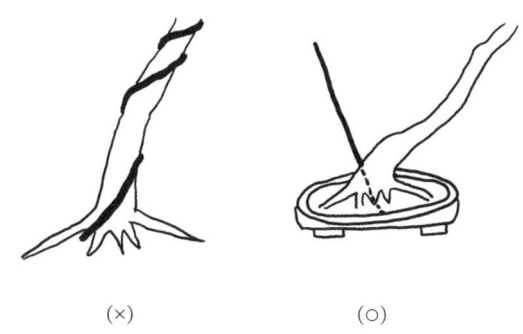

(×)　　　　　　(○)

방향 바꾸기

한 그루의 줄기에 철사걸이를 하는 중에 방향을 바꿔야 하는 경우, 아래로부터 두 개의 철사로 감아올리다 하나를 끊고 그곳에 다른 하나를 걸어 방향을 바꿔줄 수 있습니다.

철사걸이

"철사걸이 작업은 묘기가 아닙니다."
어떤 이는 철사걸이가 나무를 학대하는 행위라고 합니다. 그러나 철사걸이의 본 목적은 나무를 건강하게 하는 데에 있습니다. 유독 세력이 좋아 빨리 강하게 자라는 가지는 철사걸이로 세력을 억제하며, 약해서 잘 자라지 못하는 가지의 세력을 균등하게 유도할 수 있습니다. 이처럼 철사걸이는 수세 균등을 도모하며, 수형을 개작하고 창작하여 나무의 단점을 개성으로 바꾸고 나무의 가치를 높입니다.

잎자루 없을 때　　　　잎자루 있을 때

잎따기 후 관리

잎따기를 한 당일은 충분히 물을 준 후 겉흙이 마르는 것을 확인하여 물 주기를 합니다. 잎이 없어졌기 때문에 잎을 통한 수분의 증산작용이 일어나지 않아 흙이 빨리 마르지 않는 것이지요. 반드시 분토가 마른 후 물을 줘서 토양이 과습되지 않도록 주의합니다. 2주간은 수술 후의 환자가 안정을 취하듯이 그늘이 있고 바람이 없는 곳에 두고 관리합니다.

잎따기

낙엽수분재는 잎이 진 후의 모습이 진면목입니다. 자연에서 10년 걸릴 나무의 형태를 잎따기를 통해 4~5년 내에 얻을 수 있습니다. 잎따기는 잔가지에 잎이 밀생하도록 하여 섬세한 가지를 내기 위해, 또 단풍 분재의 가을 단풍을 아름답게 보기 위해 장마철 전에 낙엽수분재에만 행합니다. 오래된 잎보다 잎따기를 통해 새로 나온 어린잎이 가을을 만나면 단풍이 더욱 곱고 아름다워집니다. 봄에 나온 잎을 가을까지 그대로 두면 단풍이 고울 시기에는 잎이 마릅니다. 다만, 수세가 약한 나무는 잎따기를 한 해 정도를 거르는 것이 올바른 관리입니다.

잎따기를 계획했다면 잎따기를 하기 한 달 전에 충분한 비료를 줘서 나무의 수세를 올린 후 잎따기를 해야 합니다. 힘이 좋은 가지의 큰 잎을 자릅니다. 이때 속가지의 작은 잎은 남기며, 잠아*가 손상되지 않도록 잎의 일부나 잎자루를 남기고 자릅니다. 나무에 따라 잎자루가 없는 경우는 잎을 일부 남기고 잘라주고, 잎자루가 있는 나무라면 잎자루를 남기고 잘라주세요.

* 잠아: 가지에서 충실하게 발달하지 못하였거나, 발아하지 못하고 있는 숨은 눈을 말합니다.

단 예외가 있습니다. 나무의 가지가 자라면서 늘어지는 특성이 있는 수양성 나무는 전정 시 위의 눈을 남기고 잘라주세요.

수양성 나무

> Tip
>
> - **가지치기의 다양한 용어**
>
>   적심: 끝 순을 자르는 것입니다.
>
>   적뢰: 꽃봉오리를 떼어내는 작업입니다.
>
>   적화: 한 가지에 꽃이 많이 달렸을 때 가지의 수세를 보호하기 위해 꽃을 따주는 것입니다.
>
>   적과: 한 가지에 열매가 많이 맺힌 경우, 일부를 미리 따서 기운이 소진되지 않게 하는 것입니다.

주간이 굵은 나무는 고태미를 느끼게 해주는 노목의 느낌, 주간이 얇은 나무는 기운이 넘치는 어린나무처럼 느낍니다. 노목은 가지를 아래로 향하게 표현하며, 어린나무는 어린나무답게 가지가 위로 향하여 자라도록 관리합니다.

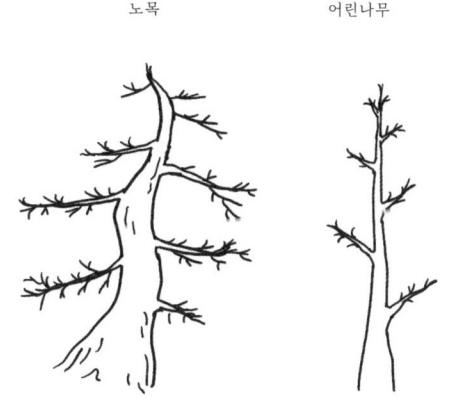

앞과 같은 가지들이 대체로 갖는 공통의 특성은 수형을 흐트러트리고 수세에 불균형을 가져올 수 있으며, 다른 가지의 통풍과 채광에 문제를 일으키는 가지라는 점입니다. 가지를 자르기 전, 쓰임 있는 가지로 교정하여 사용할 수 있는지 깊이 생각한 후 자르기를 행합니다.

이외에도 가지를 자를 때는 다음에 나올 가지의 방향을 예상하고 자릅니다. 나무의 수형상 다음에 나올 가지의 방향을 아래로 나게 하고 싶다면 아래 눈을 남기고 자르며, 위로 유도하고자 한다면 윗 눈을 남기고 자릅니다. 이때는 필요한 눈을 남기고 가지 사이에는 여유를 두고 자르는 것이 좋습니다. 자른 가지 끝이 마르는 경우에는 필요한 눈까지 말라버릴 수 있습니다.

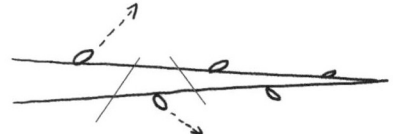

다음에 나올 가지의 방향을 예상하고 자릅니다.

가지치기 후

가지치기 전

도장지

길게 웃자란 가지는 곧 굵어지고 세력이 강해집니다. 도장지는 수형을 흐트러트릴 수 있기에 제거합니다.

개구리 가랑이 가지

개구리 가랑이와 같은 모양의 가지는 필요한 가지 하나를 남기고 자릅니다.

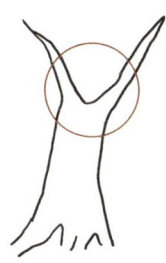

차바퀴가지(차륜지)

한곳에 가지가 몰려 자라서 차바퀴를 닮은 모양으로 자라납니다. 이를 방치할 경우 가지가 몰린 부위가 혹이 난 것처럼 굵어져 감상 가치가 떨어지므로 잘라냅니다. 특히 소나무나 왜철쭉은 가지 끝에 차바퀴가지가 잘 생깁니다.

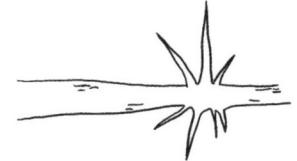 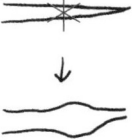

움가지

필요하지 않은 곳에서 나온 움은 즉시 떼어줍니다. 이 움이 자라면 필요한 가지를 약하게 할 수 있어 제거합니다.

겨드랑이 눈

가지와 가지 사이에 생기는 눈을 겨드랑이 눈이라고 합니다. 기존에 자리하고 있는 필요한 가지를 약하게 할 수 있기 때문에 살라줍니다. 특히 진백분재에 많이 생깁니다.

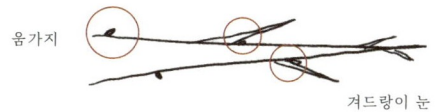

교차지

가지끼리 교차한 가지로, 수형상 자연스럽지 못한 가지를 자릅니다. 또한 주간을 가로질러 주간의 감상을 방해하는 가지도 자릅니다.

평행지

나란히 난 가지는 햇빛이나 통풍 등의 문제로 대개 한쪽 가지가 약해집니다. 평행지를 자를 때에는 윗가지 때문에 햇빛이 가려지고 통풍이 안 되서 약해진 아랫가지를 자르는 게 원칙이기는 하나, 다른 가지와의 배열이나 가지 간의 간격을 고려하여 윗가지를 자르는 경우도 있습니다.

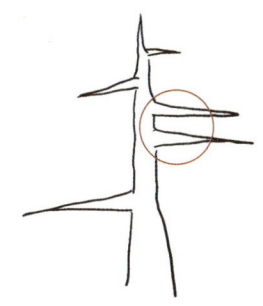

상, 하향지

위에 위치한 가지에는 힘이 몰리고 아래에 위치한 가지는 힘이 약하기 때문에 가지를 중심으로 수직으로 섰거나 아래를 향하는 가지는 자릅니다. 단, 수형상 잔가지가 없을 때는 상, 하향지를 자르지 않고 철사 교정을 통해 옆으로 눕혀줍니다.

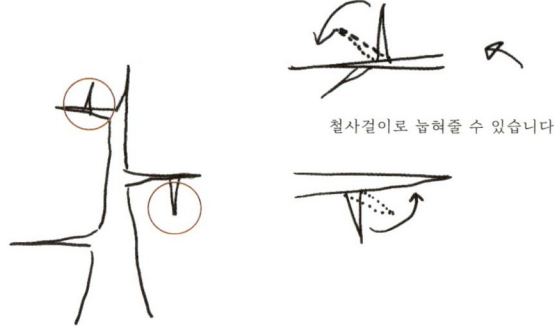

철사걸이로 눕혀줄 수 있습니다.

배가지

곡간형에서는 등 쪽(곡의 튀어나온 부분)에 가지가 달려야 하기 때문에 배 쪽(안으로 굽은 곡)에 달린 가지는 제거합니다.

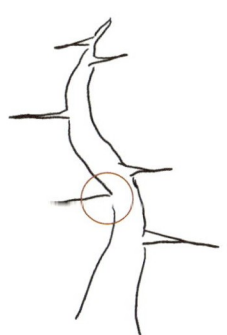

앞가지

나무의 얼굴을 정한 후 수관부 아래의 앞가지는 주간 감상에 방해가 되므로 제거합니다.

맞가지

나무를 대칭으로 보이게 하는 맞가지는 잘라줍니다. 자르기 전, 뒷가지의 유무를 확인한 후 뒷가지가 없다면 잘라야 할 가지를 철사걸이 교정을 통해 뒷가지로 만듭니다.

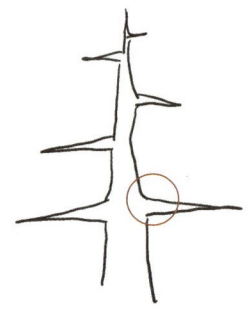

가지치기(전정)

나무의 형태는 시간이 흐름에 따라 변화하기 마련입니다. 균형 있는 수형이란 아랫가지가 굵고 윗가지가 가는 것이지만, 나무의 건강은 위로 갈수록 강해지고, 아랫부분은 약해지는 것이 자연의 생리입니다. 손질 없이 방치하면 강한 부분은 계속 강해지고 약한 부분은 계속 약해지게 되므로 균형 있고 이상적인 수형을 갖춰 나가기 위해서 가지치기를 하는 것이지요. 현재의 수형에 집착하지 말고 나무의 장래를 생각합니다. 한 번 실수하면 돌이킬 수 없는 것이 가지치기의 어려움이기에 심사숙고하여 잘라냅니다.

수형을 만드는 방법

분재의 가치는 수형에 있습니다. 가치 있는 분재의 수형을 만들기 위해 가지치기와 철사걸이를 합니다. 이는 강한 부분은 억제하면서, 약한 부분엔 기운을 돋우는 방법으로 나무의 수세를 한 쪽에 치우치지 않고 균등하게 만들어 가는 방법입니다. 분재는 나무의 머리 부분의 세력이 가장 강합니다. 하지만 나무의 끝부분으로 세력이 몰리기도 하는데요, 이를 '정아우세성'이라고 합니다. 정아우세성을 방치하면 아랫가지가 약해져 스스로 고사합니다.

분갈이 사후 관리 및 주의점

분갈이 직후에는 나무 전체에 충분한 물을 준 후, 이후부터는 분토가 마르는 것을 확인하고 물을 주세요. 분갈이 시 제거된 뿌리 때문에 식물의 뿌리는 흡수 능력이 떨어지게 되므로 평소처럼 물을 준다면 잘린 뿌리가 아물기 전에 과습에 걸려 썩습니다. 분갈이 직후에는 지상부가 마르지 않도록 스프레이를 자주 해줍니다.

뿌리는 상처를 입고 아물기까지 약 4주라는 시간이 필요합니다. 수술 후 환자가 요양하듯이 강한 바람과 직사광선을 피한 곳에서 식물을 보호해 줍니다. 또한 분갈이 직후에 비료를 주지 않습니다. 잘린 뿌리 끝에 비료가 닿으면 뿌리가 썩기 때문입니다. 꽃이나 열매를 달고 있는 식물을 부득이하게 분갈이해야 한다면 뿌리를 많이 자르지 않고 흙을 너무 깨끗이 털지 않습니다.

꽃이 달린 식물에 적극적인 분갈이를 하게 되면 꽃을 바로 떨굴 수 있습니다. 꽃이 달린 식물을 예쁜 화분에 담아 감상하고 싶다면 뿌리와 흙을 최대한 건들지 않고 화분만 바꿔 심어주세요. 이후 꽃이 지면 뿌리를 다시 드러내 적극적인 분갈이를 해주세요. 원칙은 꽃이 진 후 분갈이를 하는 것임을 기억합니다.

③

아름다운 이끼를 오래 유지하기 위해서는 배양토 위에 바로 얹는 것이 아니라 마사토 위에 얹어주세요. 이끼는 비료를 싫어합니다. 비료를 줄 때에는 이끼를 피해서 주세요. 이끼는 바로 심은 식물에 보습의 역할을 하고, 연륜을 느끼게 합니다. 자연 중의 이끼는 세월이 흘러야 생기지만 방금 제작한 분재에 이끼를 얹으면 오래된 것처럼 연륜을 느낄 수 있는 것이지요.

④

분갈이를 마친 식물은 배수구로 흙 물이 빠질 만큼 충분한 물을 줍니다.

나무의 그림자처럼 얹은 이끼

①

이끼 작업 전에 용토 위를 분무하여 촉촉한 습기를 머금을 수 있게 합니다. 이끼는 가능한 한 얇게 만들어 용토 위로 올려줍니다. 이끼가 얇을수록 활착이 더욱 잘됩니다. 감상을 위한 굵은 뿌리는 가리지 않도록 합니다.

②

이끼는 흙에 심는다고 생각하며 나무의 그림자처럼 얹습니다. 이끼는 나무의 그림자를 따라 짧은 가지 아래에는 이끼를 짧게, 긴 가지 아래에는 길게 이어 붙입니다. 뿌리 가까이에는 색이 짙은 이끼를, 뒤로 갈수록 색이 옅은 이끼를 얹어주세요. 높낮이가 다르게 연출한다면 자연의 생동감 있는 아름다움을 깊게 느낄 수 있습니다.

⑬

배합토 위로 마사토를 올려 마무리합니다. 화분 위로 노출한 굵은 뿌리가 가려지지 않도록 주의를 기울입니다.

Tip

- 분재목을 화분에 담을 때 분에 정중앙에 맞춰 심기보다 여백의 미나 변화의 멋이 느껴질 수 있도록 화분에 적절히 배치합니다. 단, 중후한 멋이 있는 직간분재나 단정한 느낌이 매력인 나무는 예외일 수 있습니다.
- 주간이 굵은 나무는 낮은 분에 심지 않습니다.
- 나무를 너무 깊이 심지 않도록 합니다. 그루터기를 다소 올려 심으면 노출된 뿌리가 땅속 깊이 심어졌을 때보다 1년에 3배나 발육이 좋아지며, 표피가 두터워져 보호 조직이 발달합니다. 표피가 두터워지면 나무가 힘 있어 보이며 노목으로 보일 수 있습니다. 단, 뿌리 끝은 반드시 땅속에 있어야 합니다.

⑪

뿌리를 단정히 가다듬고 그 위로 배합해 둔 용토를 얹습니다.

⑫

가는 뿌리가 화분 위로 드러나지 않도록 하며, 뿌리 사이로 새로운 용토가 밀도 있게 채워질 수 있도록 나무젓가락 등으로 다져가며 심어줍니다.

⑨

난석 위로 마사, 적옥토, 녹소토를 적절히 섞어 만든 배합토를 올립니다. 자연의 모습처럼 뿌리 끝은 아래를 향하게, 식물이 흙 위에 올라앉은 형태가 되도록 흙은 봉긋하게 만들어 주세요.

⑩

나무가 흔들림 없이 단단히 설 수 있도록 철사로 고정시켜 줍니다. 뿌리가 흔들리면 나무가 정상적으로 성장할 수 없으므로, 흔들리지 않게 고정해 주세요.

⑦
철사를 위로 팽팽하게 잡아당겨 작업하기 수월하게 양옆으로 뉘어 놓습니다.

⑧
원활한 통기와 배수를 위해 바닥에 굵은 용토를 깔아줍니다. 가벼운 중, 소 크기의 난석을 사용했습니다.

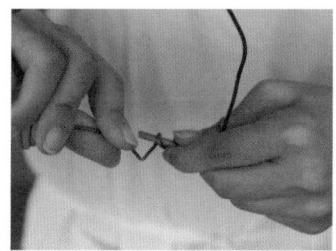
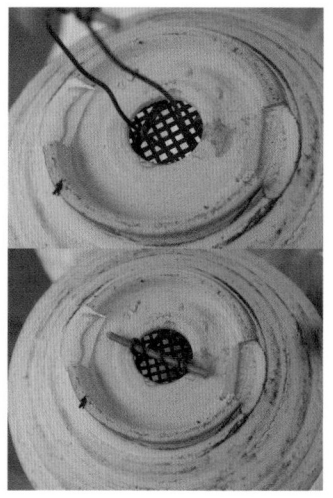

⑥
배수 구멍 양옆에 작은 철사 구멍이 있다면, 그곳으로 철사를 넣어 뽑아주세요. 사진처럼 철사 구멍이 없는 경우에는 단단한 나뭇가지나 지지대를 활용하여 배수구의 지름만큼 철사를 묶어주고, 화분의 바깥 바닥에서 내부로 뽑아냅니다.

④

뿌리가 엉키면 호흡과 흡수에 지장을 줘서 통기와 배수가 불량해지고 성장에 장애가 됩니다. 엉킨 뿌리는 고르게 펴주고 굵고 긴 뿌리는 과감하게 잘라줍니다. 굵은 뿌리는 나무를 지탱해 주는 역할뿐이므로, 가는 뿌리(세근)는 보호해 주며 굵고 곧게 자란 뿌리를 정리해 주세요.

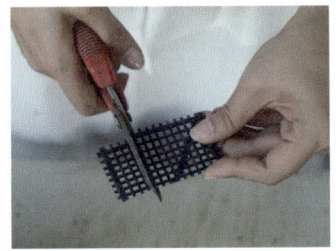 

⑤

뿌리 정리를 마친 나무를 화분에 올릴 순서입니다. 화분 배수 구멍의 크기에 맞추어 배수망을 자릅니다.

154

③

뿌리 속 묵은 흙을 털고, 뭉친 뿌리를 풀어줍니다. 특히 그루터기 아래가 뭉치지 않도록 잘 털어주세요. 분에 오래 묵은 나무일수록 흙을 터는 일이 쉽지 않습니다. 엉킨 뿌리를 그대로 큰 화분에 넣고 싶은 욕구도, 뿌리를 싹둑 잘라버리고 싶은 얄궂은 심보가 불쑥 나올 때도 있습니다. 이럴 때면 식물이 내어주는 매일매일의 기쁨을 찾아 떠올리면서 마음을 가다듬고 다시 뭉친 뿌리를 쓱쓱 풀어줍니다. 반드시 엉킨 뿌리, 도장한 뿌리, 썩은 뿌리를 잘라준 후 분에 넣습니다.

분갈이 과정

①
오래된 화분 안에 있는 산성화된 딱딱한 토양은 새로운 공기도, 신선한 물도 흡수하지 못합니다. 고무망치를 이용해서 분의 가장자리를 돌려가며 두들겨 준 후, 단단한 도구로 화분의 가장자리를 긁어내며 안전하게 꺼내어 줍니다.

②
고무망치를 이용해 딱딱하게 굳은 토양과 뿌리를 두드려 유연하게 풀어줍니다.

나무의 얼굴 정하기

수폭 우선의 법칙

나무의 폭이 넓어 보이는 부분을 정면으로 정합니다. 이때 앞으로 나온 가지가 적어서 주간의 모양이 한눈에 들어올 수 있는 쪽을 택합니다. 나무 얼굴의 입체감과 볼륨감을 위해 뒷가지는 반드시 있어야 합니다. 뒷가지가 길면 나무가 둔해 보이므로 길이는 지나치게 길지 않도록 가꿔줍니다.

수관부 전경의 법칙

겸손한 자세처럼 나무의 머리 부분(수관부)이 약간 앞으로 숙인 듯한 쪽을 정면으로 정합니다.

수곡 내측의 법칙

나뭇가지 끝의 방향이 뒤를 향하지 않고 나를 반기는 것처럼 내 쪽으로 향하도록 합니다.

상록분재에 어울리는 화분

상록분재는 남성적이고 중후한 힘을 느끼게 하는 수종이므로 밝은 화분보다 적갈색, 적흑색, 갈색분을 사용하면 안정감이 느껴져 조화롭습니다.

꽃분재에 어울리는 화분

꽃분재의 분은 분재목의 크기나 꽃의 색과 조화로운 색을 선택합니다. 노란색의 꽃나무는 녹색이 무난하고, 낙엽수이면서 꽃이 피는 나무는 담황색이나 청색, 보랏빛의 화분이 꽃의 싱그러움을 돋보이게 할 수 있습니다.

열매분재에 어울리는 화분

열매 색깔이 선명한 분재는 다소 가라앉는 색감이 어울립니다. 중량감이 있는 분재일수록 짙은 회색이나 흑갈색, 연한 흙색분이 무난합니다.

조화로운 화분 색상

분재목과 분 색상이 보색이거나 동일한 색은 좋지 않다고 하나, 때로는 동일한 색이면서도 색의 짙고 엷음의 차이가 나무와의 조화를 더 돋보이게 할 수 있습니다. 혹은 상반되는 대조적인 색감이 어울리면 상상 이상의 개성과 세련된 분위기를 이룰 수도 있어 다양한 시도를 해보고 분재목과 분의 조화를 경험해 보는 것이 좋겠습니다.

낮은 타원분

길고 낮은 타원분은 분경, 군식, 석부작에 어울립니다.

각분

육각, 팔각분이 있으며 다소 깊이가 있는 분은 반간분재, 많이 깊은 분은 현애분재와 잘 어울립니다.

매화분

매화꽃을 닮은 분으로 꽃분재나 열매분재에 어울립니다.

분의 형태와 어울리는 수형

장방형분

직사각형 화분으로 가장 무난하고 많이 쓰이는 분입니다. 낮은 장방형분은 군식, 연근분재 등에 어울리고, 다소 깊이가 있는 장방형은 줄기가 굵은 직간, 사간, 반간분재에 어울립니다.

정방형분

다소 깊이가 있는 정사각형 화분으로 무게가 느껴지는 모양목이나 고목, 반현애분재에 어울립니다.

원분

크기나 모양이 다양합니다. 두텁고 깊이가 있는 분은 중량감이 있는 꽃분재, 낙엽수분재와 어울리고 낮은 원분은 주간이 가는 문인목 등이 잘 어울립니다.

다채로운 색감, 유약분

점토에 규석과 납석을 혼합하여 900℃ 이상으로 구운 화분입니다. 초벌구이를 한 다음 그 위에 유약을 바르고 구워냅니다. 다채로운 색깔로 아름다운 화분이지만 통기성이 좋지 않은 단점이 있습니다.

견고한, 자기분

점토에 규석, 납석, 샤모트를 혼합하여 1200℃의 고온으로 구운 화분입니다. 모양도 좋고 견고하나 통기성이 좋지 않습니다. 흔히 알고 있는 청자, 백자가 이에 속합니다.

배양을 위한 화분, 토분

식물을 재배하기 위한 화분입니다. 일반 점토를 정제하여 낮은 온도에서 구운 분으로 보수, 배수, 통기성이 아주 좋아 생육을 위한 재배용으로는 좋지만 견고하지 못한 것이 흠입니다. 중부지방에서는 추운 겨울에는 동파가 되는 경우도 있습니다. 시간이 지나면 화분 표면으로 이끼가 껴 수막이 형성되기 때문에 통기를 막는 결점이 있습니다.

감상을 위한 화분, 도기분

도기분은 점토를 정제하여 높은 온도에서 굽습니다. 배수, 보수, 통기성이 좋고 식물의 생육 면에서도 좋은 편입니다. 모양도 다양하고 질감도 좋아 분재분으로서 가장 많이 사용되고 있습니다. 제조 방법에 따라 형상, 색상, 질감 등의 차이가 있으며 고급스러움이 달라집니다.

화분 선택 요령

잎은 하늘을 보고 뿌리는 바닥을 향하지만 잎과 뿌리는 한 몸, 한마음입니다. 화분은 잎과 뿌리가 공생하며 상생함을 느끼게 합니다. 좋은 화분은 나무의 생육을 좋게 만들 뿐만 아니라 나무와의 조화로 개성과 품격을 높일 수 있습니다.

Tip

- 뿌리의 양에 비해 큰 화분에 식재할 경우, 토양의 과습을 방지하기 위해 통기, 배수성이 좋은 마사토의 비율을 높여 혼합합니다.
- 뿌리의 양에 비해 작은 화분에 식재할 경우 토양의 건조(물 마름)를 방지하기 위해 보습성이 좋은 적옥토와 녹소토의 비율을 높여 혼합합니다. 그 비율은 화분의 크기에 따라 달라질 수 있습니다.
- 두꺼운 화분은 피합니다. 화분의 벽이 두꺼우면 흙의 양이 적게 들어가기 때문에 생육에 문제가 있을 수 있고 무게도 무겁습니다. 두터운 화분에는 분재보다 다육식물, 선인장 등이 잘 어울립니다.
- 깊은 화분은 피합니다. 단, 현애분재는 예외입니다.
- 나무에 비해서 다소 작은 화분을 택합니다. 나무보다 큰 분은 나무를 왜소하게 느끼게 하고, 흙이 많으면 과습될 수 있습니다.

마사토, 녹소토, 적옥토를 혼합해서 쓰는 분재 분갈이

주로 토양은 마사토를 쓰며 같은 화분에 심는 식물일지라도 그 식물의 자생지와 가까운 환경을 만들어 주어야 합니다. 물을 유독 좋아하는 식물이 있고, 건조하게 키워야 건강한 식물이 있습니다. 즉 물가 식물인지, 돌 틈에 자라는 식물인지에 따라 용토를 달리 구사해 줍니다. 또한 꽃피고 열매 맺는 식물은 좋은 부엽토가 있으면 체에 쳐서 가루를 제외한 입자를 10~20% 정도 넣어주면 개화 및 결실에 도움이 됩니다.

(위)녹소토
(좌)마사토
(우)적옥토

배수력과 보수력이 있는, 난석

본래에 난을 심을 때 쓰는 토양입니다. 난석은 배수력이 좋으며 동시에 보수력도 지니고 있어 화분의 맨 바닥과 배수층에 사용합니다. 대, 중, 소의 크기로 나뉘어져 있으며 물 빠짐이 좋도록 화분 크기에 맞게 굵은 것을 깔아줍니다. 일반적으로 굵은 마사토를 사용하나, 분의 무게 때문에 난석을 사용하기도 합니다.

보습성이 좋은, 적옥토

도쿄 주변 관동 평야 지방에 화산재가 쌓여 생긴 붉은 흙을 건조시킨 무기질 토양입니다. 적옥토는 입자 점토이기 때문에 배수를 원활하게 함과 동시에 스스로 물을 지니고 있는 성질, 즉 보습성이 좋아 물을 좋아하는 식물을 심기에 적합합니다.

산성토양, 녹소토

녹소토는 왜철쭉의 산지인 일본 가누마 지방에서 나온 산성 흙으로 주로 철쭉류를 심을 때 사용합니다. 녹소토와 적옥토는 가루가 많이 섞여 있기 때문에 체로 한 번 쳐서 가루를 걸러내고 입자만 쓰는 것이 좋습니다.

통기와 배수성이 좋은, 마사토

분재에서의 기본이 되는 토양입니다. 마사는 우리나라 산의 화강암이 풍화 작용에 의해 부서진 돌이며 이를 채취해 대, 중, 소의 굵기로 분류해 놓은 것입니다. 강마사와 산마사가 있는데 강마사보다는 산마사를 이용하는 것이 좋습니다. 마사토는 토양 공극이 있어 통기성과 배수성이 좋으므로 토양이 쉽게 말라 뿌리가 동시에 마를 수 있습니다. 이를 보완하기 위해 배수가 잘되며 스스로 습기를 머금는 적옥토나 녹소토를 혼합하여 사용합니다.

분재 용토

운두가 낮고 작은 화분에서 뿌리가 잘 호흡할 수 있도록 분재에 사용하는 모든 흙은 반드시 입자로 구성된 단립형 토양이어야 합니다. 가루가 있으면 흙이 화분 밑에 쌓여 배수와 통기가 안 됩니다. 시중에는 아래 소개하는 용토 이외에도 동생사, 하이사, 화산토 등 다양한 이름의 분재 용토가 있으나, 여러 종류의 흙을 사용해 본 결과 마사토를 기본으로 하여 적옥토, 녹소토를 혼합하는 것이 작업 및 관리 면에서 가장 무난합니다.

용토를 사용하기 전에 먼저 식물의 고향 및 특성, 식물이 놓일 환경, 분의 크기 등에 대해서 곰곰이 생각해야 합니다.

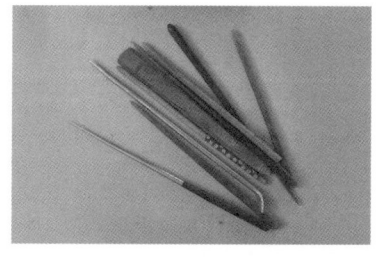
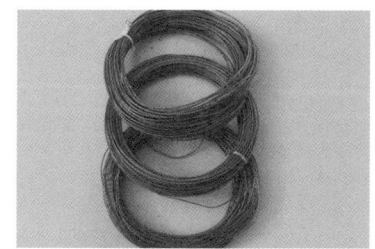

⑩
나무젓가락
뿌리 사이로 흙이 고루 들어갈 수 있도록 다져줄 때 사용합니다.

⑪
솔
나무 줄기나 가지에 낀 이끼를 제거할 때 사용합니다.

⑫
구리철사
나무의 수형을 교정하거나 창작할 때 사용합니다.

 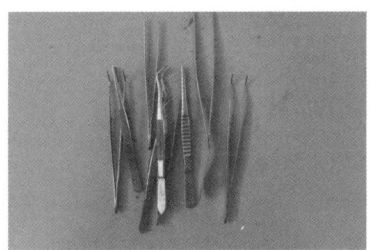

⑧
동삽
섬세한 부분에 흙을 넣기 위해
사용합니다.

⑨
핀셋
소나무 잎을 솎거나 잎을 뽑을
때와 같이 섬세한 작업을 필요로
할 때 사용합니다.

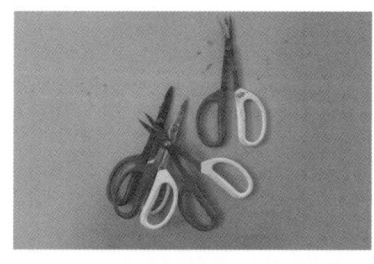

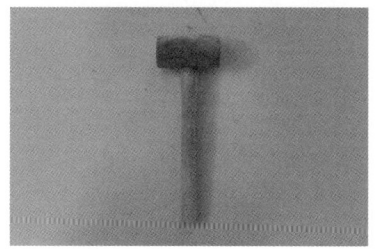

⑤
가위
다양한 쓰임이 있는 가위입니다.

⑥
고무망치
화분에서 나무를 빼낼 때 사용합니다.

⑦
갈고리
오래된 화분에서 나무를 꺼낼 때, 분 가장자리를 긁을 때, 분에서 꺼낸 뿌리를 털어낼 때 사용합니다.

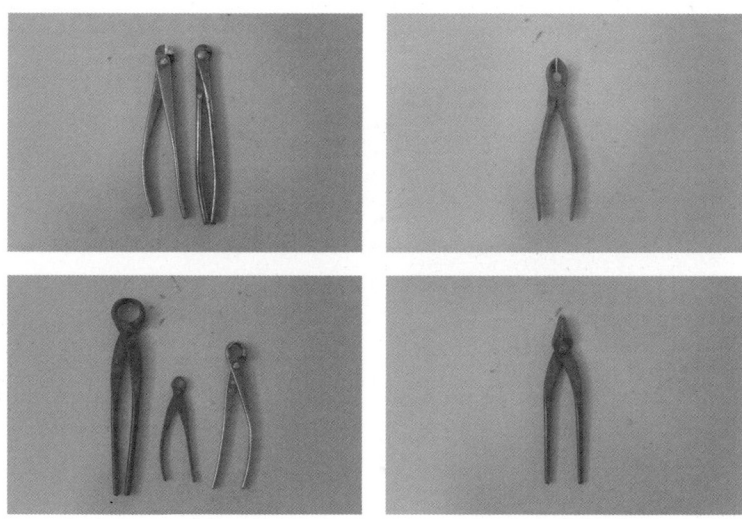

①
철사가위
철사를 자르는 용도입니다.

②
오목가위/혹가위
칼루스 조직을 형성하기 위해서 가지를 오목하게 자를 때 사용합니다.

③
세지가위
잔가지를 자를 때 사용합니다.

④
고정가위
뿌리를 고정하기 위해 철사를 묶을 때 사용합니다.

실습 도구

분갈이 시기

이른 봄, 새싹이 나오기 전에 분갈이를 해주세요. 새싹이 나오기 전에는 뿌리를 $1/3$까지 자를 수 있으므로 이른 봄의 분갈이를 '적극적인 분갈이'라고 합니다. 적극적인 분갈이는 이른 봄, 새싹이 움트기 전이 가장 적격이며, 다른 계절에는 식물의 상태나 계절의 온도, 꽃이나 열매의 화아분화 및 개화 시기를 세심히 살펴 주의하며 분갈이를 합니다.

물론 예외도 있습니다. 상미과 식물인 명자(산당화), 애기사과, 해당화, 장수매 등은 분갈이를 한 후, 온도가 올라가면 잘린 뿌리 끝으로 새뿌리가 나는 대신 근두암종이라 불리는 암 덩어리가 붙습니다. 그러므로 장미과 식물은 봄보다는 가을에 분갈이 해줍니다. 또한 당단풍나무는 봄에 가장 먼저 물을 올리는 나무이므로 가지 끝을 잘라 수액이 흐르지 않음을 확인한 후 이른 봄에 분갈이하거나 여름엔 잎을 모두 따고 분갈이합니다.

활력을 불어넣는 분갈이

화분에서 키우던 식물을 다른 화분으로 옮기는 일을 '분갈이'라고 하며, 자연 중의 노지나 밭에 있던 식물을 처음으로 분에 올리는 것을 '분올림'이라 합니다. 분올림과 분갈이를 할 경우, 뿌리를 자른 만큼 반드시 지상부도 전정해 줘야 하며, 뿌리가 완전히 활착할 동안 약 1개월간은 너무 강한 햇빛이나 센 바람을 피해주며 물은 겉흙이 마르는 걸 확인하며 주고 물 분무를 자주 해줍니다.

분갈이를 오래 하지 않으면 뿌리가 가득 차서 배수가 안 될 뿐 아니라 뿌리에 물 공급이 원활히 이루어지지 않으며, 따라서 산소 공급이 어려워집니다. 또한 토양이 강하게 산성화되며 흙 속의 미량요소*의 결핍이 일어납니다. 뿌리 상태가 좋지 않으면 가지가 잘 마르기도 하고, 잎 색도 건강할 수 없지요. 그러므로 분갈이를 통해 묵은 흙을 털어내고 새로운 흙에 심어주면 나무는 계속해서 생기를 얻습니다.

* 미량요소: 철(Fe), 망간(Mn), 붕소(B), 구리(Cu), 몰리브덴(Mo), 염소(Cl), 아연(Zn) 등. 미량요소는 일부러 넣어주지 않아도 분갈이 시 새 용토로 바꿔주는 것으로 충당됩니다.

보비

비료기를 가지고 있는 흙은 힘이 있습니다. 대지에 자라는 나무는 그 위에 낙엽이 쌓여 유기질 비료를 얻기 때문에 비료를 주지 않아도 살아가지만, 분재는 한정된 공간 안에 자라기 때문에 비료가 될 수 있는 토양을 혼합해 줍니다.

보온

대개의 식물은 낮의 온도가 18℃ 이상이 되어 뿌리가 따뜻할 때 성장합니다. 보온력을 가지고 있는 흙은 화분에서 식물을 키우기에 이상적입니다.

배수

배수가 좋은 흙은 산소 공급이 원활하며 미생물의 번식 또한 왕성해집니다. 배수력이 좋은 흙은 토양의 공극이 있어 비료를 흡수하는 데도 효과가 큽니다. 가루 흙은 화분 밑에 가라앉아 배수에 장애를 주며 뿌리가 호흡할 수 없게 합니다.

통기

배수를 마친 마른 토양의 공극으로 산소 공급이 이루어지기에 통기가 원활합니다. 뿌리가 내뱉는 탄산가스가 분 밑에 쌓이면 통기가 원활하지 않아 뿌리의 발육이 나빠집니다.

보수

배수와 정반대 현상으로 화분에 물을 머금어 수분을 보호하는 것입니다. 식물을 심을 때는 배수가 좋은 흙과 보수가 좋은 흙을 혼합해 사용합니다. 배수 후에 토양이 말라버리면 뿌리도 함께 마르므로 스스로 수분을 지닐 수 있는 흙을 함께 사용해야 상호 보완 작용을 합니다.

생명의 근본 토양

토양은 모든 식물이 태어나 성장하게 하고, 결실에 이르게 하는 생명체의 근본입니다. 자연의 대지는 고사한 초목의 낙엽이 쌓여 자연 발효가 일어나고 이를 통해 자라는 나무에 유기질 비료를 공급해 주며, 토양 속 미생물이 비료를 분해하여 식물에 필요한 영양을 섭취하도록 합니다. 자연에서 크는 식물은 일부러 비료를 주지 않아도 이처럼 비료를 섭취하게 되는 것이지요.

또 많은 비가 와도 토양 속으로 스며들어 적당한 토양 습도를 유지하게 됩니다. 나머지 수분은 아래로 내려가 지하수가 되어 가뭄의 경우에도 모세관 작용에 의해 식물에 물이 흡수되므로 말라 죽는 일이 거의 없습니다.

그러나 분재는 한정된 공간 안에 식물이 자라 매일 물 주기를 하기 때문에 분토가 압력을 받아서 굳어집니다. 또한 분토는 물이 부족하면 즉시 건조해져 식물의 뿌리가 말라버릴 수 있습니다. 따라서 우리가 분재를 심을 때에는 분토의 굵기, 강도, 토질 등을 고려해야만 합니다. 분재의 토양은 반드시 입자 형태여야 합니다.

흐르는 물과 오르는 물

흐르는 물은 흘러 강을 이루고 강은 마침내 바다를 이루며 거슬러 오르는 물은 나무를 키우고 산을 이루어 숲을 이룹니다. 숲에는 더불어 삶에 지혜가 있고 우리가 그곳에 함께 있습니다. 부모의 사랑이 흐르는 물이라면 부모를 향한 사랑은 거슬러 오르는 물입니다.

가을

초가을에 빨래가 더 잘 마르듯, 이른 가을에는 화분 속 토양도 건조가 빠르게 진행됩니다. 이른 가을엔 물 주기에 소홀히 하지 않아야 하며, 늦가을을 맞이하면서부터는 물 주기의 횟수를 차츰 줄여줍니다. 늦가을에 물을 많이 주면 수액의 농도가 낮아져 추위에 약해지므로 겨울에 나무가 동해를 입기 쉬워집니다.

겨울

겨울나무는 생활하는 것이 아니라 생존할 뿐입니다. 이 휴면 시기에는 생존에 필요한 만큼만 물이 필요하므로 확실하게 화분 위 흙이 마른 것을 확인하고 햇살이 든 따뜻한 시간에 물 주기를 해주세요. 온도가 낮아진 밤에 물을 주면 흙 속의 수분이 얼어 뿌리가 고사할 수 있으므로 늦은 시간에 물주는 일은 금하는 것이 좋습니다. 일주일 이상 얼어 있는 화분은 찬물에 담가서 얼음을 녹이는 방법으로 분토를 녹여줘야 합니다. 화분이 얼어 있다는 이유로 물을 주지 않아 겨울에도 나무를 말려 죽이는 경우가 더러 있습니다. 또한 잔가지를 많이 가진 낙엽수분재는 공중 습도가 건조하면 섬세한 가지가 말라 고사할 수 있으므로 한겨울 중에도 따뜻한 낮에는 자주 엽수를 해서 잔가지 가지마다 적정 습도를 유지해 주세요. 잔가지는 수많은 시간과 이야기를 품고 있는 세월의 표현입니다.

여름

기온이 높아 증산작용이 활발한 여름철엔 분재를 관리하는 장소와 물 주기 횟수에 주의를 기울여줍니다. 특히 소품 분재는 작은 화분, 적은 토양으로 인해 건조가 빨라 큰 나무 아래와 같은 그늘에 놓아주면 한결 관리가 수월합니다. 낙엽수분재의 잎은 해를 받고 물을 맞으면 잎이 커질 수 있으므로 여름철 한낮에는 엽수를 하지 않습니다. 그 외 장마철에는 특히 여름 중 화아분화*를 하는 식물에 계속 비를 맞히는 것은 피해주어야 합니다. 또한 계속 비가 내리는 장마철엔 물 주기에 소홀해지기가 쉬운데, 비 오는 양을 확인하여 물 주기를 거르는 일이 없도록 합니다. 특히 지상부가 왕성해서 비를 맞아도 화분까지 물이 잘 닿지 않는 경우가 있기에 비를 맞히는 일로 물 주기를 거르지 말고 꾸준히 물 주기를 해주세요. 또 한여름에 호스로 물을 주는 경우에는 호스가 강한 빛을 받아 물이 뜨거울 수 있으니 첫 물 주기를 할 때 더운물을 빼내고 시원한 물이 나오는 것을 확인하고 관수해 줍니다.

* 화아분화: 식물이 성장하는 동안 꽃눈이 형성되는 것을 말합니다.

계절별 물 주기

봄

식물이 겨울잠에서 깨어나는 계절입니다. 숨죽이고 잠자던 식물은 힘차게 흙을 엎고 촉이 오르며, 마른 가지에 물이 오르고, 그 가지 끝에 새순이 돋습니다. 봄의 꽃을 위해 지난 여름 힘들여 꽃눈을 준비한 꽃봉오리가 마르지 않도록 충분한 물 주기를 해주세요. 상록분재보다 물을 좋아하는 낙엽수분재는 화분이 마르는 일이 없도록 주의를 기울입니다.

물은 어떻게 줄까요?

물 주기는 눈맞춤입니다. 물을 줄 때 식물의 표정을 읽을 수 있고 건강 상태를 확인할 수 있습니다. 뿌리는 호흡작용을 통해 산소를 들이마시고 탄산가스를 내뿜는데, 분 밑에 쌓인 탄산가스와 염을 배출시키기 위해서는 화분의 배수구로 물이 충분히 흐를 만큼 줘야 합니다.

잎에 주는 물, 엽수가 필요해요

식물의 잎에 물을 주는 행위를 '엽수'한다고 합니다. 엽수를 하면 잎이 깨끗해져 이산화탄소를 받아들이는 광합성 작용의 효과를 높여줍니다. 또한 온도가 높고 건조기에 자주 발생하는 응애 예방에도 도움이 되며, 저녁의 분무는 밤 이슬의 역할을 하며 가지 곳곳에서 필요한 눈을 받을 수 있어 좋습니다. 식물은 토양 습도보다 공중 습도를 더 좋아합니다.

잎이 타는 현상, 엽소라고 합니다

한여름의 강한 햇빛에 잎이 타는 경우가 있습니다. 화분이 물을 충분히 흡수하고 원활히 배수하고 있다면 그 안의 식물은 잎이 타는 경우가 적습니다. 분갈이를 한 지 오래된 화분은 뿌리가 꽉 차고 배수가 막혀 물을 충분히 흡수할 수 없습니다. 즉, 엽소는 화분의 물 부족 현상 및 배수 불량, 또는 정량보다 과한 비료 시비로 인해 발생합니다. 화분 속 뿌리가 편안하다면 잎도 편안한 표정입니다.

어떤 물을 줄까요?

물은 신선하고 살아 있어야 합니다. 신선한 물이란 산소가 다량 함유되어 있는 물이며, 살아 있는 물이란 식물에 이로운 미생물을 가지고 있는 물입니다. 좋은 미생물은 식물의 뿌리가 영양을 흡수할 수 있도록 도와줍니다.

물은 언제 줄까요?

물 주기는 며칠에 한 번이 기준이 아니라, 반드시 분토 위가 하얗게 말랐을 때 물을 주는 것이 기준이 되어야 합니다. 여름 아침에는 이른 시간에 물을 주고, 겨울 아침에는 햇살이 퍼진 다음에 물을 줍니다. 다만 겨울처럼 날이 춥고 흐린 날에는 거를 수 있습니다. 아침에는 잎과 뿌리에 물을 주고, 점심에는 잎을 피해 뿌리에 물을 주는데요. 한낮 해가 있을 때 잎에 물이 닿으면 잎이 커질 수 있기 때문입니다.

저녁에는 흡수한 수분과 영양을 각 체부로 운반하는 시간이에요. 대부분의 식물은 흙 속의 온도가 따뜻할 때 자라는데(고산식물은 제외), 저녁에 물을 주면 흙 속의 온도가 내려가면서 성장에 방해가 됩니다. 그래서 저녁에는 엽수만 합니다. 화분의 크기, 계절, 관리 장소, 식물의 건강, 분토의 종류 등에 따라서 물 주기는 달라지니, 화분을 세세히 들여다봐 주세요.

물

나무는 목마를 때 물을 원하고 물을 받아들일 때 성장합니다. 물 없이는 성장도 생명도 없습니다. 식물의 주식은 물이며 부식은 비료입니다. 우리가 주식을 취하지 못하면 살아갈 수 없듯이 식물도 물이 없으면 살지 못하는 생명의 필수 요소입니다. 물은 뿌리에서 만든 영양을 각 체부에 운반해 주는 전달자이며, 광합성 작용으로 단백질과 당을 만들며 살아가게 합니다.

식물의 잎은 이산화탄소(CO_2)를 마시고 산소(O_2)를 내놓지만 뿌리는 그와 반대로 산소를 마시고 이산화탄소를 내놓습니다. 이를 뿌리의 '호흡작용'이라고 합니다. 뿌리는 신선한 물을 통해 산소를 공급받으며, 화분 안은 호흡작용으로 인해 이산화탄소가 쌓이게 됩니다. 이때 반드시 물을 충분히 줘서 분 밑에 쌓인 탄산가스와 염이 배수구로 함께 배출되도록 하는 것이지요.

또한 한여름 마당에 물을 뿌려주면 주변이 시원해지듯이 물이 기체화될 때는 주변의 열을 가지고 기화하기 때문에 물은 분토의 온도를 조절해 주는 역할까지 합니다.

바람

바람이 잘 부는 곳에서는 식물 속의 수분이 수증기로 배출되는 '증산작용'이 활발하게 일어납니다. 식물의 뿌리가 수분을 위로 올리는데, 필요한 만큼만 수분을 흡수하고 증산작용으로 배출하는 것이지요. 증산작용이 원활하지 못하면 분토의 잉여된 수분으로 인해 뿌리가 썩고 잎에도 검은 반점 등의 이상 현상이 나타나게 됩니다. 강한 바람에 흔들리며 자란 나무는 체내에 도장하지 않게 하는 호르몬을 생성해 야무진 모습으로 자라게 되며, 공기의 순환은 병해와 충해가 잘 발생하지 않도록 돕습니다.

오롯이 받아들이는 자연

햇빛

햇빛은 공평합니다. 높고 낮음을 가리지 않고 어둡고 누추한 곳을 외면하지 않습니다. 생명이 있는 모든 것이 햇빛을 필요로 하듯 식물 잎의 엽록소는 햇빛을 받아 광합성 작용을 하여 탄수화물을 생성합니다. 식물은 이 탄수화물로 생육하므로 빛이 없으면 살아갈 수 없습니다. 식물마다 필요한 햇빛의 양이 다를 뿐 음지식물도 빛이 없으면 생존할 수 없습니다.

햇빛은 꽃을 피우는 식물의 꽃눈을 형성시킵니다. 빛이 없는 곳에서 꽃이 피지 않는 이유는 바로 꽃눈이 형성되지 않기 때문입니다.

또한 햇빛은 식물을 도장徒長*하지 않게 합니다. 도장한 식물은 수형이 흐트러질 뿐 아니라 수세도 약하게 만듭니다. 햇빛은 식물의 마디가 짧고 야무지게 자라게 하여 나무의 수형을 갖추게 하는데, 이를 '왜화작용'이라 말합니다.

---

* 도장: 빛이 부족하고 다습한 환경에서 식물이 마치 콩나물처럼 속성으로 연약하게 자랍니다.

자연이 키우는 식물

분재는 만드는 이의 의도에 따라 성장하며 뿌리내릴 토양과 환경에 따라 다른 모습으로 변화합니다. 우리는 손안의 이 작은 생명을 다룸에 즐거움과 성취를 느낍니다.

2장

생활 속의 분재

살아 있음에 감사하고, 작업할 수 있음에 행복함을 다지며
오늘도 끊임없이 내 흔적을 심어요.

초본

나무와 조화를 이룰 수 있는 것이면 어느 것이나 곁들일 수 있습니다. 나무보다 크지 않고 잎이 섬세해야 하며, 높이가 큰 것보다 옆으로 퍼지기 쉬운 풀이 좋습니다. 나무 밑에서도 잘 자랄 수 있는 것으로는 석창포, 산과 들에 자생하는 산야초 등이 있습니다.

흙

흙은 깨끗하고 물 빠짐이 좋아야 합니다. 분의 넓이가 있기에 배수에 유념합니다.

나무

늘 푸름을 즐길 수 있는 상록분재, 연중 변화하는 미를 느낄 수 있는 낙엽수분재, 꽃분재, 열매분재, 풀분재 모든 것을 다 쓸 수 있습니다. 분경의 경치와 나무의 크기가 조화로워야 축소 경치의 미가 돋보입니다.

이끼

이끼는 새파랗게 자란 녹색의 싱그러움을 맛보는 즐거움이 있고, 고태미를 돋구어 주는 역할을 합니다. 자그마한 분목이라도 이끼를 분토 위에 연출함으로써 더욱 연륜을 느끼게 하며 고목의 정취를 돋보이게 합니다. 더구나 분경에서는 이끼로 입체감 있는 능선을 표현할 수 있고, 이는 숲을 상상하게 합니다.

질

같은 분에는 동질의 질감을 사용하는 것이 좋습니다. 바다 돌이면 바다 돌, 산 돌이면 산 돌을 쓰는 식으로 질감, 색감, 형태감이 모두 조화를 이루며 통일감이 느껴지게 합니다.

수

동양에서는 짝수보다 홀수를 더 선호합니다. 다만 구성상 적합하지 않을 때는 예외인 경우도 있습니다.

분

분경을 광활하게 표현하기 위해서는 낮고 넓은 화분을 사용합니다. 분의 운두가 높으면 만들어진 경치가 묻히고 잠겨버리는 상태가 됩니다. 그 형태는 긴 직사각형, 타원형, 낮고 둥근 접시 등을 택할 수 있습니다.

돌

모양이 재미있고 굴곡이 심한 돌, 생김새가 산의 능선이나 절벽을 닮은 돌, 물을 흡수해서 지니고 있는 돌, 돌의 면이 휘어서 폭포 등을 연상하게 하는 돌, 오래돼서 이끼가 낀 돌 등은 모두 좋은 표현 요소가 됩니다.

살아 움직이는 동양화 분경

백지 위에 표현하는 산수화를 분 안에 담는 작업이므로 먼저 주제를 결정하고 경을 구상합니다. 동양화의 구도를 위한 여백의 미(많은 돌과 식물을 배열한다고 하여 좋은 경이 아님)와 원근감을 고려하여 큰 돌, 큰 나무를 앞으로 배치하며 안정, 통일, 조화, 변화의 4대 원칙을 염두에 두고 차분히 구상하여 표현해 보세요. 담고 싶은 경을 스케치해 보는 것도 좋은 방법입니다.

모양을 갖추지 못한 미완성인 묘목을 분 안에 심어 성장을 바라보는 즐거움, 기르는 즐거움을 만끽하면서 장래 훌륭한 분재의 소재로 골격을 갖추어 가는 것이 분경의 매력입니다. 분경의 구성 요소를 살펴보겠습니다.

분 안에 담긴 풍경(분경)

분경이란 분 안에 풍경을 사실적이며 입체적으로 표현하는 것입니다. 자연의 바다, 산, 계곡, 언덕, 섬 등 자연 풍경에 더욱 아름다운 풍취를 시정(시의 감정) 넘치게 표현하며 축경의 미를 창조하면서, 분 안에서 사계의 미를 즐기는 것이라고 할 수 있어요.

요즘엔 왜성종도 많이 있으며 취목의 방법으로 단시간에 좋은 소품 소재를 얻을 수 있는 즐거운 방법이 있습니다. 관리 방법은 여느 분재와 같으나 분이 작아 쉽게 건조할 수 있으므로 보수력이 좋은 용토를 사용하며 물 주기에 소홀함이 없어야 합니다. 특히 햇살이 뜨거운 여름 나기엔 큰 수반 등에 마사토를 깔고 그 위에 얹어 관리하거나 큰 분재목 아래에 놓아 강한 햇살을 다소 가려주는 방법도 있습니다.

작으나 작지 않은, 소품분재

소품분재는 나무의 높이가 15cm 내의 분재를 말합니다. 작은 몸집으로 관리와 이동이 쉽고 넓은 공간이 필요치 않으므로 현대인의 취미 생활에 알맞은 분재이기도 합니다. 또한 주택에서 아파트로의 주거 형태의 변화와 더욱 복잡하고 바쁜 일상, 함께 살던 가족 관계가 아닌 홀로 삶으로서 느껴지는 외로움 등으로 반려 식물로서 사랑받기에 적합하다고 생각합니다. 그러나 키가 작고, 낮다하여 소품분재라고 하기엔 큰 아쉬움이 있지요.

낮은 키이긴 하나 그 밑동에 숨겨진 많은 시간. 한 가지枝만으로도 연연한 이야기를 품은 모양새. 단순함 속에 담긴 생략과 절제의 아름다움을 느낄 수 있음이 소품분재의 매력입니다. 가장 작다는 것이 가장 큰 것일 수 있음을 상징하는 분재입니다. 낮으면서 낮지 않고, 작으면서 작지만 않은 나무. 마치 백 마디의 사연을 한마디로 표현하는 시어를 닮았다는 마음에 '소품분재는 시어詩語'라고 말하고 싶습니다.

분의 형태

배양을 위한 경우가 아닌, 감상이 목적일 때는 분위기를 느낄 수 있는 부드러운 화분이 좋습니다. 유약분은 통풍이 안되어 풀분재에 적당하지 않다고 하나 관리하기에 따른 문제라 여겨집니다. 유약분에 심는다면 통기, 배수가 좋은 용토를 사용해야 합니다. 뿌리가 굵고 곧은 직근성 식물(할미꽃, 복수초, 제비꽃, 삼지구엽 등)은 다소 깊이가 있는 화분에 심어야 꽃을 피우기 쉬우며, 뿌리가 낮은 천근성 식물(백리향, 애기나리 등)은 운두가 낮은 분에 심거나 돌에 붙여 키워야 키도 낮아지고 섬세하며 짜임새 있는 모습으로 자라납니다.

흙

자생지에서 들풀과 꽃들은 낙엽(부엽토)과 땅에서 오는 유기질 영양을 스스로 섭취해 성장하나, 분이란 한정된 공간에서 키울 때에는 물 주기와 비료 주기의 작업이 필요합니다. 꽃이 피고 열매를 맺는 식물은 마사토와 20~30%의 부엽토(배양토)를 섞어 심어주며, 경험에 의하면 잎을 즐기는 식물은 주로 마사토와 적옥토를 혼합해 10% 정도로 심습니다. 같은 식물도 초장이 짧고 야무진 모습으로 키우고 싶다면 영양이 많은 흙보다는 마사토 단용으로 심고 분 위로 비료를 줍니다.

비료

나무 분재에 비해 많은 비료는 필요치 않으나 봄부터 장마철 전까지 월 2회 정도 질소 위주의 비료를 줍니다. 장마가 끝나고부터는 가을 동안 월 3회 정도 인산, 칼륨 위주의 비료를 줍니다. 시비 방법은 나무 분재 관리와 같습니다.

난과 식물: 역시 길고 굵은 뿌리에 물과 양분을 지니고 있으므로 특히 겨울엔 극히 절제된 물 주기가 중요합니다. 양란은 겨울이 없는 곳이 고향이므로 반드시 보온이 필요하고, 다른 식물과 같이 지나친 물 주기는 금물입니다. 동양란인 풍란과 석란(석곡)은 양란과 달리 높은 온도는 피하고, 얼지 않는 정도의 겨울나기가 필요합니다. 다소 서늘하게 겨울을 나고 나면 품위 있는 꽃과 향기로 가슴 설레는 봄을 맞이할 수 있습니다.

풀분재로 가능한 식물과 관리법

- 일년초와 다년초(숙근초): 일 년 만에 수명을 다하는 일년초와 여러해살이를 하는 다년초가 있습니다. 일년초는 매해 씨를 받아 뿌려야 하는 번거로움이 있으므로, 풀분재의 소재로는 다년초가 무난합니다. 다년초 중 겨울을 지날 때 지상부가 있으면서 겨울잠을 자는 식물과 지상부가 없이 빈 분의 상태로 겨울을 나는 식물이 있습니다. 지상부가 있는 채로 겨울을 나는 식물은 평상시 대로 분토 위가 하얗게 마르면 물 주는 방법으로 관리합니다. 지상부가 없이 빈 분으로 겨울을 나는 식물은 뿌리가 살아 있으므로 생존이 가능한 만큼의 물을 줍니다. 지상부가 없으므로 죽은 것으로 알고 아예 쏟아 버리는 경우가 흔히 있습니다. 빈 분으로 죽은 듯 겨울잠을 충분히 자고 나면 더욱 활기차고 새롭게 봄을 맞이하여 태어날 수 있습니다.

- 알뿌리(구근)와 다육식물: 알뿌리는 그 뿌리에, 다육식물은 두툼한 잎과 줄기에 물과 양분을 지니고 있으므로 건조에 견디는 힘이 다른 식물에 비해 많이 강합니다. 겨울 물 주기에 흙이 얼면 뿌리가 함께 얼어 물러버리므로 겨울에는 인색한 물 주기가 중요합니다.

부드러우나 강인한, 풀분재

산과 들, 계곡, 냇가, 고산 등에서 사계절을 통해 절로 나고 지는 풀, 꽃, 자생란 등을 분에 담아 기르고 즐기는 풀분재입니다. 지천으로 흔한 식물, 때로는 만나기 힘든 희귀 식물, 이름 없는 식물, 까다로운 식물 등 여러 형태의 풀 꽃 등이 있습니다. 풀은 부드럽고 연약해 보이나 한여름의 땡볕, 거친 바람, 모진 추위에 아랑곳 않고 언 땅속에서 죽은 듯 숨죽이고 견디다 때가 되면 어김없이 힘차게 솟아오르는 강인함에 신비로움과 경이로움을 느끼게 합니다.

군식 방법

① 여러 나무가 한 공간을 중심으로 심어지는 것이므로 하나하나 개성을 살리는 배치를 생각합니다.

② 주연과 조연의 역할이 있듯이 언제나 주역과 조역의 나무를 정하여 크기와 굵기를 다르게 합니다.

③ 자연스러운 경을 만들기 위해 배치의 균형을 고려해 심어주세요. 마치 밭고랑같이 일정한 간격으로 심으면 단조롭고 변화가 느껴지지 않아 즐거운 상상이 되지 않습니다. 좁은 면, 넓은 면, 긴장감과 여유, 강한 면과 약한 면을 강조해서 서로 어울리는 분위기를 만들어야 합니다.

④ 부등변 삼각형으로 심는 편이 자연에 가까운 듯 보입니다. 정삼각형은 전체적인 균형이 좋을 수는 있으나 단조롭게 느껴지니, 자연스러운 경을 만들기 위해 배치의 균형을 고려해 심어주세요.

자연스러운 조화, 군식

한 그루의 나무로서 수백년의 노목을 표현하고자 하는 것이 분재인 것에 반해 군식은 여러 그루의 나무들이 합쳐져 통일성 있고 조화를 지닌 수림의 풍경을 연상시킵니다. 여러 그루의 나무가 같은 공간에서 생육하므로 각기 이질감을 느껴서는 안 되나, 단조롭거나 평면적이어도 좋지 않습니다. 나무 하나하나의 독특한 개성을 살리면서 이 개성이 합쳐진 전체의 구성이 조화를 이루어야 한다는 것이 군식의 묘미입니다.

작업 시기 및 관리

석부 작업은 눈이 움트기 전이나 장마철 전에 진행합니다. 활착이 가장 좋은 3, 4, 5월 중이 좋습니다. 석부 제작 직후에는 마치 사람이 큰 수술을 한 뒤처럼 나무의 뿌리가 상당히 약해져 있으므로 추위, 고온, 건조되지 않도록 주의합니다. 약 1개월 동안엔 직사광선을 피해주고 그늘에서 보호해 줍니다. 물은 심은 직후 충분히 주며, 접착한 흙이 굳을 때까지는 자주 스프레이를 하며 관리합니다. 석부를 제작한 그해의 겨울에는 옥외가 아닌 보호실에서 따뜻하게 관리해야 좋습니다.

흙

나무가 돌에 활착하는 동안 습도를 지니고 끈기를 가질 수 있는 흙이어야 합니다. 보통 진흙이나 찰흙에 수태를 30~40% 정도 잘게 썰어 넣고, 버미큘라이트와 피트모스를 섞어 충분히 주물러 사용합니다.

가는 철사

나무에 돌을 부착시킬 때 사용합니다.

가는 못(납)

뿌리를 돌에 박아 고정해 구리철사를 묶을 수 있게 합니다.

돌

가능한 한 굴곡이나 거친 면이 많은 돌을 선택하세요. 만듦새도 멋지고 나무의 뿌리를 붙이기에도 좋습니다. 단, 석질이 너무 단단하여 가공할 수 없는 것이나 너무 물러서 부서지는 것은 곤란합니다. 연한 제주도 돌은 작업하기에 좋고 보수력이 있어 좋으나, 겨울 추위에 부서지는 경우가 있으니 겨울에 얼지 않도록 주의합니다. 검은 빛을 띄는 제주도 돌은 단단하며, 붉은색 돌은 물러서 보다 빨리 풍화됩니다.

나무

잎이 작고, 뿌리 발달이 좋으며, 가지가 촘촘하게 발육하는 나무가 좋습니다. 성장이 너무 빠른 나무는 피하는 것이 좋습니다.

석상분재

돌 위에 특수 용토를 사용하여 집을 만들어 나무를 심고 약간의 토양과 이끼로 부착시켜 배양하는 방법입니다.

석부분재

돌 자체에 뿌리를 부착시켜 노출된 뿌리를 같이 감상할 수 있도록 배양하는 방법입니다.

첫 번째 석상분재는 짧은 시간 내에 석부를 표현하기에 알맞습니다. 그러나 한정된 범위에 심어진 나무의 뿌리는 쉬지 않고 성장하므로 계속 분갈이를 해주어야 하며, 오랜 세월이 지나면 마침내 돌에서 떼어내야 하는 경우가 있다는 단점이 있습니다. 두 번째 석부분재는 식물의 뿌리가 돌 자체에 활착하기까지 높은 습도가 필요하며 관리에 어려운 점이 있으나, 완성된 석부작은 노출된 뿌리로부터 자연경관을 떠올리며 그 운치를 즐길 수 있습니다. 석부를 만들 때 어떤 점을 유의해야 하는지 살펴보겠습니다.

더 깊이 들여다보면

강인한 생명력이 돋보이는, 석부분재

돌에 나무나 풀을 붙여 심어서, 한정된 돌 위에서 생육하는 생명력의 신비와 자연의 경관을 동시에 표현할 수 있는 것이 석부입니다. 마치 기암 절벽에 자생하는 자연 형태의 나무 경관을 느끼게 하는 것이 석부분재의 묘미라고 할 수 있지요. 돌에 나무를 붙여 심는 방법으로는 두 가지가 있습니다.

뿌리를 감상하는, 근상분재(뿌리올림)

분토 위로 힘 있게 딛고 선 뿌리를 표현하고 감상하는 수형입니다. 노출된 뿌리는 연간 흙 속에 있는 뿌리보다 3배 빠르게 성장합니다. 힘찬 뿌리의 멋을 느낄 수 있습니다.

더불어 살아가는, 총생간

한 뿌리에서 여러 개의 줄기가 모아져 나오는 수형입니다. 모여 난 줄기에도 중심이 되는 주간과 부간을 두어야 보기에 조화롭고 자연스러운 힘을 느낄 수 있습니다.

한 뿌리로 연결된 나무, 연근분재

뿌리가 길게 이어진 수형입니다. 연결된 긴 뿌리 위에 높이와 굵기가 다른 나무가 줄 서 있는 모습으로부터 경이로운 자연을 느낄 수 있습니다. 같은 수종으로 나무 두 개의 뿌리를 밀접하게 붙여 심으면 시간이 흐르면서 자연스럽게 뿌리가 붙어 이어질 수 있습니다.

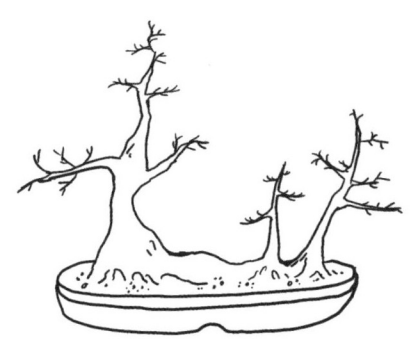

울창한 숲을 보는 듯한, 군식

군식은 여러 개의 나무를 한 분 안에 심어 수림의 풍경이 연상됩니다. 한 그루의 나무로서 수 백년의 노목을 표현하는 게 분재인 것에 반해, 군식의 묘미는 나무 하나 하나의 각기 독특한 개성을 살리면서 이 개성이 합쳐진 전체의 구성이 통일성 있는 조화를 이룬 하나를 감상하는 것입니다.

홀수가 좋아요. 3간, 5간, 7간, 다간

단간이나 쌍간 외에는 짝수보다 홀수를 선호합니다. 3간이란 세 그루의 나무, 5간이란 다섯 그루의 나무, 7간이란 일곱 그루의 나무를 뜻합니다. 함께 심은 나무가 아홉 그루 이상이라면 더 이상 홀수에 관계치 않고 다간이라는 이름으로 부릅니다. 여러 그루를 함께 심을 때에는 같은 수종, 같은 수형으로 통일감을 주고, 일직선상에 배치하지 않으며 각각의 굵기와 높이를 달리하여 조화와 변화의 즐거움을 찾을 수 있어야 합니다. 나무와 나무 사이의 간격은 세 면의 길이가 모두 다른 부등변 삼각형을 생각하며 배치하다 보면 재치가 있으며 사실적으로 표현할 수 있습니다. 이때에도 원근감을 고려하여 앞에는 굵고 높은 나무를, 뒤에는 가늘고 낮은 나무를 심습니다.

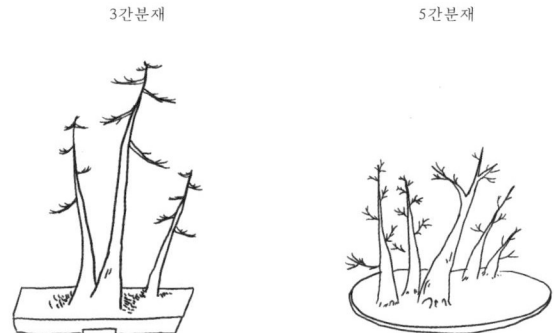

3간분재   5간분재

사이 좋은, 쌍간분재

하나의 화분에 두 그루의 나무를 심어 감상하는 수형입니다. 쌍간분재는 금슬 좋은 부부나 사이 좋은 남매를 연상하게 합니다. 두 그루의 나무는 높이와 굵기에 확실한 차이가 있어야 합니다. 굵고 높은 나무는 '주간', 보다 가늘고 작은 나무는 '부간'이라고 부릅니다. 주간과 부간은 통일성 있게 같은 수형으로 자라게 합니다. 주간과 부간의 사이가 예각*을 이루게 하여 친근함을 전하고, 주간은 앞쪽으로 부간은 뒤쪽으로 놓아 원근감이 느껴지도록 합니다. 지금 이 순간, 떠오르는 누군가를 한그루에 담고 그 가까이에 나 자신을 담아보세요. 매일매일 쓰다듬듯 따뜻한 눈길로 바라보고 물과 빛과 바람으로 사랑을 전하세요.

* 예각: 직각보다 작은 각입니다.

기암절벽 틈 사이의, 현애분재

현애분재란 깎인 언덕, 절벽에서 떨어지듯이 자라는 수형입니다. 바라보면 신비롭고 진귀한 느낌이 전해집니다. 현애분재는 운두가 높은 화분에 심어야 기암절벽 틈 사이에서 자라는 나무를 연상시킬 수 있고, 가지 끝인 수심은 반드시 위를 향하도록 연출해야 상승감을 표현할 수 있습니다.

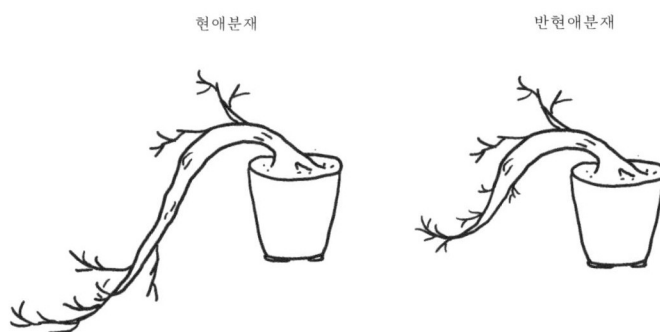

한적한 수형의, 문인목

민화나 문인화에서 흔히 볼 수 있는 수형으로 가느다랗고 긴 줄기를 통해 옛 선비들의 고고한 기상을 느낄 수 있습니다. 줄기가 가늘고 가지가 적으며, 편근인 나무는 문인목으로 가꾸기 적합합니다. 굳이 줄기가 굵지 않음은 겸손함인 듯, 가지가 많지 않음은 애써 많이 지니고자 함이 없습니다. 문인목은 나무 자체에 한적함이 느껴지는 수형입니다.

바람의 방향이 느껴지는, 풍향수(취류)

강한 바람으로 인해 나무가 바로 서서 자라지 못하고 줄기와 가지가 모두 바람 부는 쪽으로 휘어 자라는 모습입니다. 비록 열악한 환경에서 구부러져 자란 나무일지라도 바람의 힘을 이기고 자라 강한 기운을 느끼게 하는 수형입니다.

비스듬히 선, 사간분재

해안가나 산등성에서 볼 수 있는 나무의 모습으로, 센 바람의 힘으로 인해 바로 서지 못하고 비스듬히 누워 성장하는 수형입니다. 주간이 그리 굵지 않으며 줄기가 한쪽으로 치우쳐 자라고, 한쪽으로만 뿌리가 나 있는 나무(편근)는 나름의 특징을 살려 멋진 사간분재로 키웁니다. 중요한 건 비스듬히 누운 채로 자라면 불안감이 느껴지므로 안정감이 느껴지도록 수관부는 세워주고, 눕는 반대 방향의 굵은 뿌리가 노출되게 합니다. 비록 비스듬히 섰으나 눕거나 기대려 하지 않고 머리만은 바로 서서 곧은 삶의 의지가 전해지는 수형입니다.

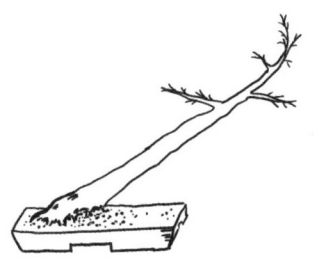

생명력을 느끼는, 반간분재

고산지대나 절벽에서 볼 수 있는 수형으로 곡은 모양목을 이루지만 오랜 세월의 풍설로 줄기가 뒤틀리고, 수피가 거친 모습입니다. 반간분재는 열악한 환경에서 자란 나무의 생명력을 느낍니다.

편안하고 아름다운, 곡간분재(모양목)

줄기가 아름다운 곡(曲)을 이루어 여성적 이미지가 드러나는 수형으로 편안한 환경에서 자란 나무의 표현입니다. 곡간분재는 곡의 폭과 높이가 아래에서 위로 갈수록 점점 좁아져야 합니다.

이상적인, 직간분재

직간분재는 힘을 느끼는 남성적인 수형입니다. 빛과 물과 바람이 모두 충분히 드는 곳, 안정되고 평안한 환경에서 자란 나무의 모습으로, 가장 기본적이면서도 이상적인 수형입니다. 이 때문에 갖추어야 할 조건이 많습니다. 충분한 빛을 받아 위로 곧게 뻗은 굵은 주간의 형태는 직간분재의 가장 큰 특징입니다. 기백이 느껴지는 주간 감상을 위해서 수관부 아래의 앞가지는 없되, 수관부 부분에 짧은 잎가지는 필요합니다. 주간 아랫부분의 첫 번째 가지는 '일지一枝'라고 부르며, 그 위 가지는 '이지二枝'라고 부릅니다. 이때 일지와 이지 사이에 뒷가지가 있어야 나무에 입체감을 더합니다. 그리고 힘 있게 땅을 딛고 선 뿌리는 사방 팔방으로 고르게 뻗은 모양새가 분재미의 기본입니다.

일지와 이지 사이 뒷가지

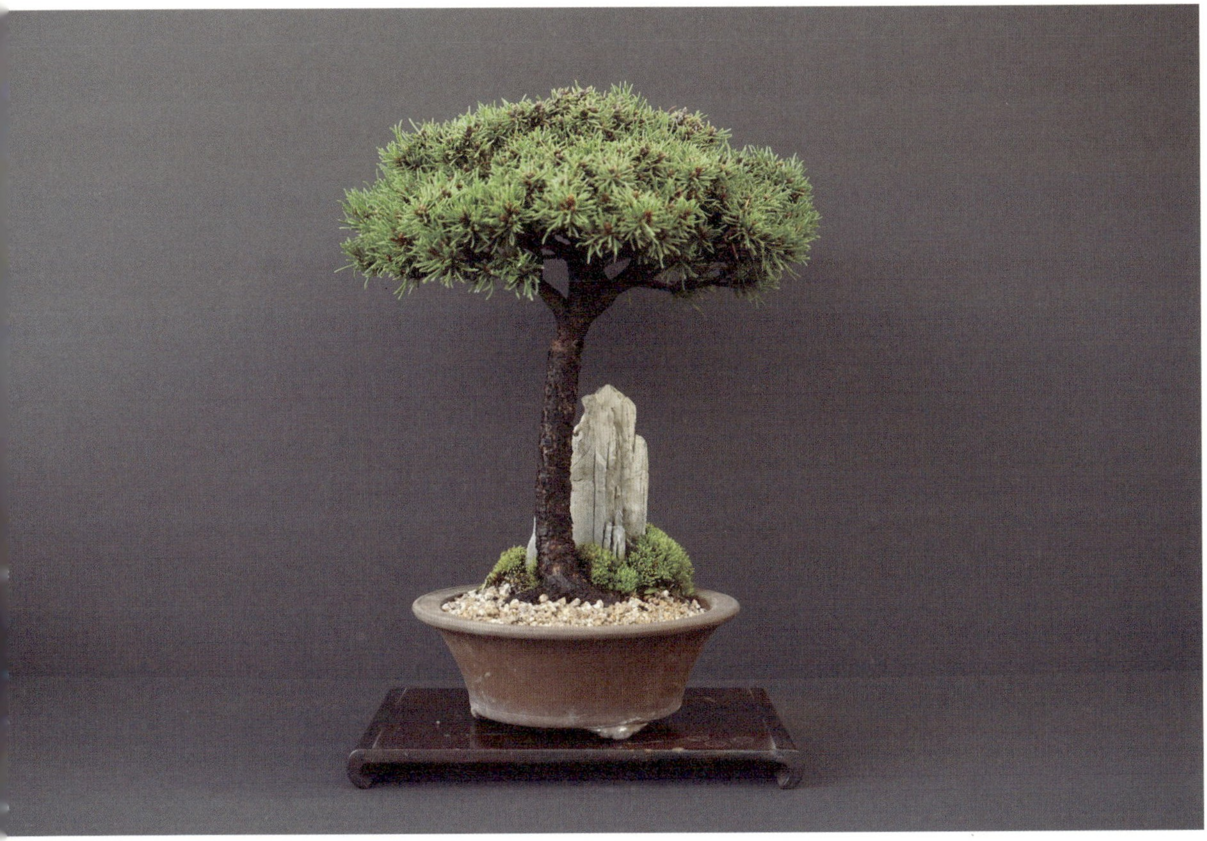

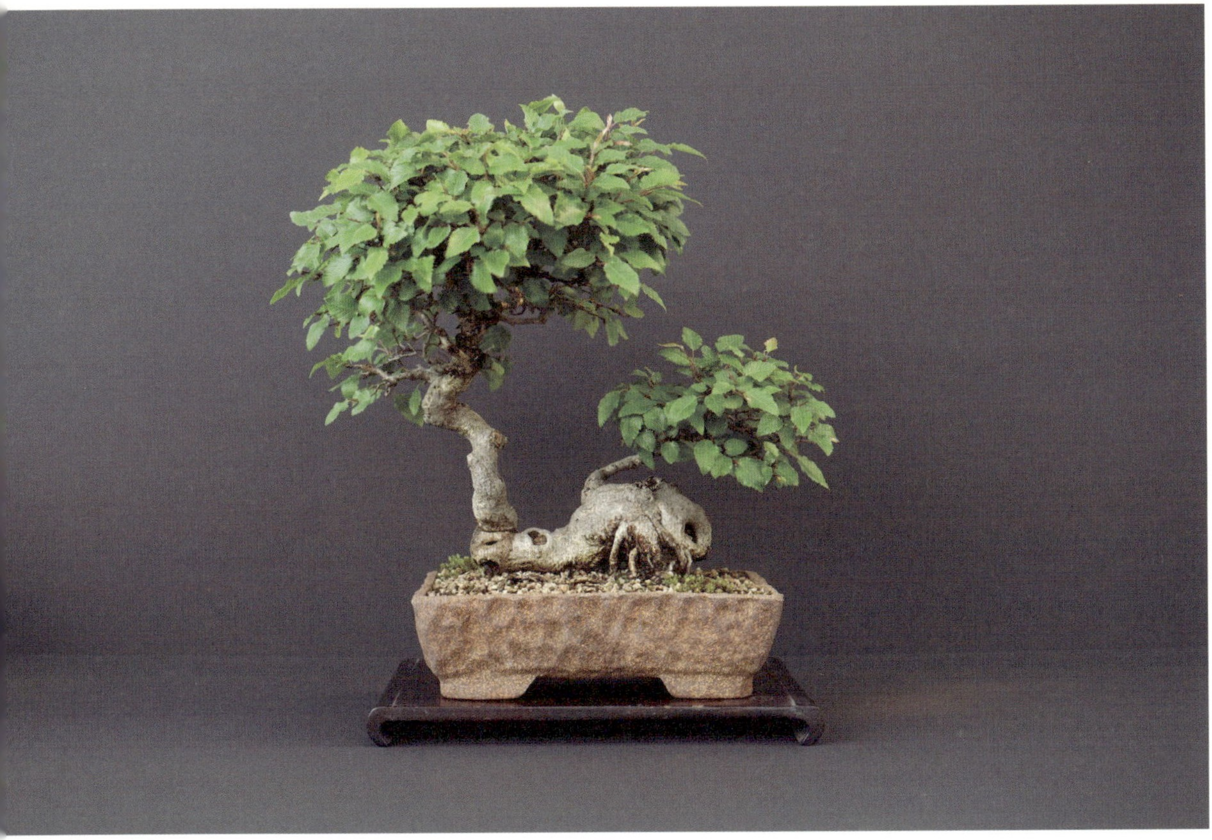

수형에 따른 분류

자연스럽고 아름다운 자연의 수목은 똑같은 수형으로 자라지 않고 각각의 모습으로 성장합니다. 분재를 가꿀 때 틀에 정해진 수형은 없으나 편의상 유사한 수형으로 분류하고 가꾸어 가며 아름다운 수형미를 추구합니다. 이를 기본 수형이라고 합니다. 바로 나무가 가진 특성, 즉 모자란 점을 감추지 않고 보완하여 개성이 있는 모양을 갖추는 방법, 그 나무의 생김새에 맞는 기본 수형을 찾아 가꾸어 가기 위해 수형을 공부하는 것입니다. 가장 자연스러운 수형이 가장 아름답지요.

기본 정형 방법을 익혀 가꾼 분재라야 개성이 있는 아름다움을 창출할 수 있으며, 방치된 관리는 아무리 오랜 세월을 가꾼다고 해도 품격 있고 멋있는 분재가 될 수 없습니다. 우리 품 안의 나무가 어떤 수형과 닮았는지 관찰하면서 더 가치 있는 나무가 될 수 있도록 가꾸어 갑니다. 수형 가꾸기에는 안정감, 통일감, 조화, 변화 등에 유념하나 틀에 얽매이거나 인위적인 표현은 피하는 게 좋겠지요. 기본 수형을 기본으로 하되, 개성 있는 작품을 창조해 주세요.

풀분재(초본분재)

풀분재에는 세월을 기록하는 나이테가 없습니다. 대신 소박한 풍요가 있는 야생화분재입니다. 화분 속의 풀분재는 어떻게 연식을 가늠할까요. 계속해서 새로운 촉을 만들어 냅니다. 풍성해지는 포기로 세월을 감상하는 것이지요. 풀은 세월이 흘러 풍성해지면 여러 개로 나눌 수 있습니다. 분주하는 즐거움, 소박한 풍요가 있는 풀분재는 단순하나 섬세하고, 조용하나 감동이 있습니다.

열매분재(상과분재)

꽃이 피고 열매가 맺는 나무를 열매분재라고 합니다. 홍자단, 애기사과, 모과나무, 꼭지윤노리, 피라칸사, 무화과나무 등이 있지요. 성숙된 열매를 감상하기 위해서는 꽃이 폈을 때 세심한 관리가 필요합니다. 꽃이 스스로 지기를 기다려야 하며 꽃이 진 자리를 정리하면 열매가 맺히지 않습니다. 꽃이 펴 있는 동안에는 꽃에 물이 닿지 않게 주의합니다. 열매를 맺는 식물의 꽃에 물이 닿으면 꽃가루가 씻겨 내려가서 열매가 되지 않으며, 꽃만 감상하는 식물의 경우에도 꽃을 오래 보기 위해서는 꽃에 물이 닿지 않게 해야 합니다. 꽃이나 열매가 많이 맺힌 나무는 꽃과 열매에 에너지를 많이 빼앗겨 가지가 마를 수 있습니다. 나무를 아껴주기 위해서는 꽃과 열매를 솎아주는 절제가 필요합니다.

꽃분재(상화분재)

꽃이 감상의 대상이 되는 나무는 꽃분재, 상화분재라고 합니다. 대표적으로 매화나무, 명자나무, 진달래, 철쭉 등이 있지요. 꽃분재를 키우고자 할 때는 햇빛이 충분히 드는 곳인지를 반드시 확인해야 합니다. 꽃분재가 꽃을 피울 수 없는 건 햇빛 부족이 가장 큰 원인입니다. 충분한 햇빛을 받아야 꽃눈을 만들 수 있기 때문입니다.

꽃을 피우기 위해서는 반드시 두 가지 형태의 과정을 겪어야 합니다. 먼저 꽃눈을 형성하는 시기를 '화아분화기'라 하며 이때 충분한 햇빛이 필수 조건입니다. 과습하지 않도록 다소 목마르게 물을 주고 비료는 그 이전에 줘서 수세*를 올려준 후 꽃눈 형성 시기에 비료는 금물입니다. 이렇듯 꽃눈 형성을 마친 식물이 성숙하여 꽃망울이 터져 꽃을 피우는 시기를 '개화기'라 합니다.

꽃을 피우는 식물은 어떤 형태로든 겨울의 추위를 겪어야 합니다. 추위를 겪지 않은 식물은 온전한 꽃을 피우지 못합니다. 꽃을 피운다는 건 우리 인간에게는 즐거움이나, 식물에는 고통의 과정입니다. 넘치는 사랑보다 다소 부족한 사랑이 진정한 사랑입니다.

* 수세: 나무의 힘을 말합니다.

낙엽수분재(잡목분재)

가을에 갖가지 빛깔로 사치하지 않은 아름다움을 주고, 겨울에 잎을 떨구어 겉치레 없는 나목의 분재를 낙엽수분재라고 합니다. 대표적으로 단풍나무, 느티나무, 소사나무, 느릅나무, 검양옻나무 등이 있습니다. 물 들었던 잎들이 떨어져 따뜻한 이불이 되어 겨울 추위에 뿌리를 보호해 주고, 낙엽이 쌓여 발효된 흙은 영양이 되어 뿌리로 돌아갑니다. 고로 가을은 보은의 계절이라고 합니다. 푸른 잎은 젊음의 싱그러움으로, 잎을 떨군 나목은 숨김없는 우리 내면의 모습이 아닐까요. 겨울 나무가 초라하지 않음은 세월을 수놓은 섬세한 잔가지 때문이지요.

수종에 따른 분류

상록분재(송백분재)

사계절 내내 푸른 잎을 달고 있는 분재 식물을 상록분재라고 합니다. 대표적으로 소나무, 삼나무, 가문비나무, 노간주나무, 진백(향나무) 등이 있지요. 뿌리가 직선으로 곧게 내려가는 성질인 직근성을 띠고 있으며, 잎성이 질기고 단단하며 침엽인 것이 특징입니다. 침엽수는 어느 식물보다 강한 빛을 필요로 해요.

상록분재는 1년에 한 번씩 잎갈이를 하는데 완전히 낙엽이 지고 새잎이 나는 것이 아니라, 기존의 잎을 단 채로 새잎이 나기에 연중 푸르게 보이는 것입니다. 상록분재는 잎을 단 채로 겨울에 휴면하기 때문에 추운 겨울을 제대로 느끼게 해줘야만 뿌리가 제대로 쉴 수 있습니다. 상록분재를 들일 때는 우리 집이 겨울의 추위를 느끼게 할 수 있는 환경인지, 빛이 충분히 드는지를 고려해 주세요.

나무의 종류

정성으로 심고 사랑으로 키우며 기르는 즐거움, 바라보는 즐거움, 내일에 대한 기대감이 분재가 주는 보람이고 행복입니다. 수형을 가꾸고 풀포기를 다듬는 일은 나의 내일을 만들어 가는 과정이며 작업입니다.

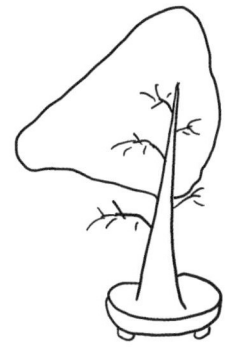

분을 같은 방향으로만 두어서는 안 됩니다.
나무는 일광을 향하여 한쪽으로만 더욱 발육하므로
수형의 균형이 흐트러지지 않게 분의 방향을 돌려가며 키웁니다.

잎의 멋

나무마다 잎의 묘미는 모두 다릅니다. 대부분의 원예식물은 크고 넓은 잎을 감상하지만 분재는 밀생하고 작은 잎을 감상합니다. 가지마다 충분한 빛을 받게 하여 잎이 웃자라지 않도록 하고, 잎따기 작업을 통해 원래 잎보다 작으며 밀생하게 가꾸면 분재의 섬세한 멋은 배가 됩니다.

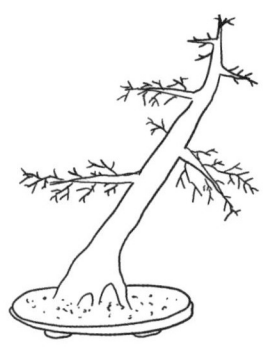

가능한 한 잔가지가 많아야 연륜의 멋이 느껴집니다. 잔가지는 오랜 세월을
가늠케 하며, 나무의 입체감을 느끼게 합니다.

아래 가지의 각도에 맞춰 윗가지의 각도를 배치합니다.
어린 나무는 가지가 생기 있게 하늘을 향하고,
노목은 가지가 세월의 무게를 단 듯 수평을 이룹니다.

가지의 멋

가지의 시작은 굵으며 끝으로 갈수록 섬세하고 가늘어야 합니다. 어린 나무일수록 가지 끝은 하늘을 향하며, 노목일수록 가지는 아래로 처집니다. 가지의 흐름은 나무의 첫인상을 결정합니다. 주간이 굵고 수피가 거칠다면 가지도 노목의 인상을 전할 수 있도록 수평이 되거나 아래로 처지는 듯 가꾸며, 어린 나무는 어린 나무답게 표현할 수 있도록 가지를 무리해서 처지게 가꾸지 않습니다. 섬세한 잔가지는 세월을 나타냅니다. 이는 낙엽수분재의 생명과 같은 것으로, 잎이 지고 가지만 남은 나목裸木의 진가는 섬세한 잔가지를 감상하는 데 있습니다.

분재미의 구성 요소

뿌리의 멋

분토 위로 힘 있게 뻗은 뿌리를 감상합니다. 뿌리 끝은 반드시 땅 속에 있어야 하지만, 그루터기와 연결된 굵은 뿌리는 땅 위로 노출시킵니다. 노출된 뿌리는 땅 속에 묻혔을 때보다 1년에 3배 정도 빠르게 성장하여 굵어지므로 분갈이를 할 때마다 나무를 조금씩 올려 심습니다. 분토 위로 드러난 굵은 뿌리로부터 고태미를 감상하고 이로써 세월과 연륜을 느낍니다.

주간의 멋

그루터기 위로 이어지는 줄기, 주간을 감상합니다. 줄기는 그 나무의 기둥이므로 감추지 말고 표현해야 고유의 수형을 드러낼 수 있습니다. 주간은 위로 갈수록 점점 가늘어지며 큰 흉터가 없으면 더욱 좋습니다. 나이가 들수록 검고 거칠어지는 해송의 수피*나, 붉고 매끈한 배롱나무의 수피, 군복을 입은 듯 무늬가 있는 모과나무의 수피, 황피단풍나무나 황피느릅나무의 거친 수피 등도 주간의 멋입니다.

* 수피: 나무의 껍질을 말합니다.

변화

가지와 가지의 짧고 긴 비율을 고려할 뿐 아니라 높고 낮음과 굵고 가늚, 필요하다면 죽은 가지도 사리*를 하여 가지로 인정받을 수 있게 하는 등 독창성을 가미하여 변화를 줍니다.

* 사리: 오래된 나무가 벼락을 맞아 나무의 한 부분이 고사한 형태입니다. 오래된 나무를 표현하기 위해서 낙뢰를 맞은 나무같이 껍질을 벗겨서 흰 살을 드러내게 하는 것으로 '백골'이라고도 부릅니다. 죽은 가지를 자르지 않고 사리를 내면 하나의 가지로 인정합니다.

고태미

분재는 노출된 굵은 뿌리, 그루터기, 거친 줄기, 섬세한 잔가지 구석구석에 연륜과 세월의 미가 담겨 있습니다. 긴 세월 동안 힘든 환경을 견뎌온 세월의 미를 표현하는 것이 분재의 멋입니다.

조화와 통일

수종과 화분, 수형과 화분, 주간*과 부간*, 잎 색깔과 화분의 색깔, 꽃과 열매, 형태 등이 서로 통일되며 조화로워야 합니다.

---

* 주간: 나무의 중심 줄기입니다.
* 부간: 나무의 중심 줄기 외의 줄기를 말합니다.

분재의 예술성

안정감

나무의 앉음새, 심겨진 모습, 분과의 조화 등이 불안함 없이 안정감을 느껴야 합니다.

생동감

나무나 초본, 그 외의 기타 소재를 건강하고 생기 있게 관리하여 화분 속에서 생동감을 느껴야 합니다.

여백의 미

마치 한 폭의 동양화처럼 한 나무 내에서도 공간을 많이 갖게 하여 여백의 아름다움을 살립니다.

분재 용어

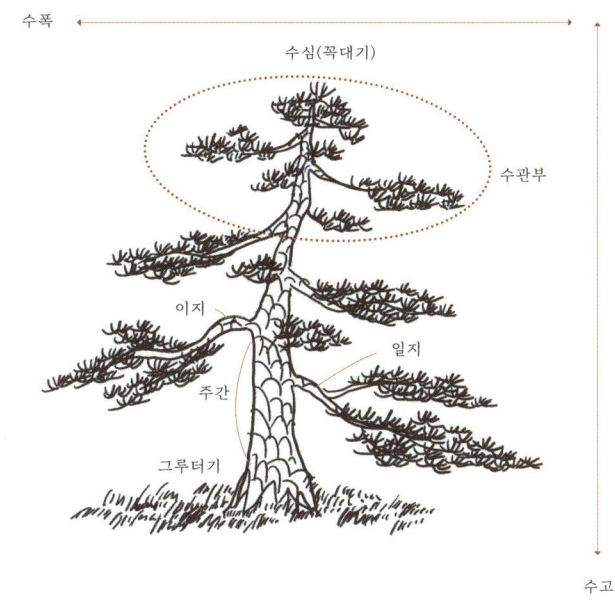

허공간과 실공간

뿌리를 닮아가는 나무

분재는 운두가 낮은 화분에서 눈따기, 순치기, 가지치기, 잎따기, 때로는 철사걸이 등의 가꾸기를 통해 창작되는 생명이 있는 예술 작품입니다. 운두가 낮고 넓은 화분에 심는 이유는 뿌리를 깊게 자라게 하는 것이 아니라 잔뿌리가 폭 넓게 자라도록 하기 위해서입니다. 식물은 속성상 뿌리의 생김새에 따라 식물의 모양도 닮아갑니다. 낮은 화분에 심으면 식물의 키가 크기보다는 줄기가 굵어지기 쉽고, 잔뿌리가 많이 나면 지상부(식물의 몸)에도 잔가지가 많이 나올 수 있습니다. 이렇듯 운두가 낮은 분에서 T/R 원칙*으로, 이상적인 수형을 만들어 나가는 것이 분재입니다.

* T/R률: T는 R과 비례한다는 법칙으로, T는 TOP으로 지상부를 뜻하고, R은 ROOT으로 식물의 뿌리와 지하부를 뜻합니다.

분재의 역사

분재, 차, 도예는 모두 중국에서 발생한 동양 문화입니다. 그중 분재 문화는 중국에서 '분경'이라는 이름으로도 불리었고, 우리나라로 전해진 '분재'는 병자호란, 임진왜란 등의 전란을 겪으면서 크게 발전되지 못한 채로 일본에 전해졌지요. 발생지는 같지만 현재 한국, 중국, 일본 분재 문화의 특성은 각각 다릅니다. 중국은 대륙의 문화로 대개 분재가 크고 웅장하며, 일본은 축소 지향의 멋, 우리나라는 한 나무가 갖는 공간의 미를 중요하게 여깁니다. 우리 선조들은 나무에서 느껴지는 여백으로부터 여유와 한적함을 찾았습니다.

* 참고 도서: 이규보 선생의 동국이상국집東國李相國集, 강희안 선생의 양화소록養花小錄

만드는 이의 이상형을 담는 분재

수목을 분에 담아 일상 가까이서 자연의 아름다움을 즐기는 것이 분재 생활입니다. 단지 경치를 축소하거나 자연의 재현에만 그치지 않고, 만드는 이의 이상형을 담아 미래를 기대하며 가꾸어 가는 것이야말로 살아 있는 예술 작업이라고 할 수 있어요. 분재의 가치는 식물을 심고 가꾸며 사계의 변화, 굵어지는 줄기와 잔가지로부터 느껴지는 세월의 미를 즐기는 데에 있습니다.

식물을 고르는 기준

식물을 선택할 때는 내가 좋아하는 식물을 고르기보다 나의 환경에 맞는 식물을 선택하는 것이 중요합니다. 또한 식물이 태어난 곳(원산지)과 과를 확인하는 것도 중요합니다. 예를 든다면, 소나무는 산에서 강한 빛과 바람과 추위를 받고 자라는 식물입니다. 그러므로 소나무가 잘 자랄 수 있는 환경은 많은 양의 빛과 바람과 추위를 맞을 수 있는 곳입니다. 동백은 남쪽 해안가 지방이 고향으로, 바닷바람을 맞고 살아갑니다. 고로 동백은 키울 때는 햇빛의 양도 중요하지만 습도에도 예민합니다. 겨울에 밖에서 키우던 동백을 실내로 들였을 때 잎이 우수수 떨어지기도 하는 이유는 공중습도가 건조하기 때문일 것입니다. 습도가 높은 바닷바람을 맞히듯 스프레이를 자주 해주는 것이 도움이 됩니다.

식물을 잘 키우기 위해서는 공간에 빛이 얼마나 드는지, 바람은 잘 통하는지, 온도는 어떤지, 계절이 느껴지는지 등을 고려하여 식물의 고향과 비슷한 환경을 만들어야 합니다.

분갈이 방법

일반 식물은 분에서 꺼낸 식물의 썩은 뿌리와 도장한 뿌리만 제거한 후 상하지 않게 하여 큰 분으로 옮겨 화분의 빈 공간에 새 흙을 채워줍니다. 분재 식물은 분에서 꺼내어 기존의 흙을 깨끗이 털고 뿌리를 빗질하듯 정갈히 정리하여 엇갈린 뿌리, 썩은 뿌리, 도장한 뿌리를 1/3 정도 자른 후 새 흙으로 심습니다.

관상 가치

일반 식물은 있는 그대로 건강하게 자라는 자태를 즐깁니다(화용花容). 분재 식물은 꾸준한 수형 다듬기 작업으로 해를 거듭할수록 품위를 갖춘 연륜의 미를 관상합니다(화품花品).

태어난 고향

사람도 나고 자란 고향이 가장 익숙하고 편안하듯 식물도 그들이 태어난 곳의 환경과 비슷한 곳을 가장 좋아합니다. 일반 관엽식물(분식)은 겨울이 없는 수림 속에서 잎 사이로 들어오는 빛을 받고 사는 식물이기에 직사광선보다는 부드러운 빛이 들고 습도가 있는 곳에서 관리해야 합니다. 반면 분재 식물은 자연 중에서 햇빛과 바람과 추위를 맞고 자라는 야생식물이기에 충분한 햇빛, 추위와 더위를 맞을 수 있는 곳에서 관리합니다.

화분의 형태

일반 식물의 화분은 형태가 크고 깊지만 분재 식물의 화분은 낮고 넓은 형태입니다. 식물을 큰 화분에 심으면 뿌리가 깊게 자라 그와 비례하게 키가 성장합니다. 식물을 낮은 화분에 심으면 잔뿌리가 사방으로 자라 키가 성장하는 대신 나무의 줄기가 굵어지게 됩니다.

토양

일반 식물은 부엽토, 피트모스, 펄라이트, 질석 등을 혼합한 배양토에 심으나, 분재 식물은 주로 마사토, 적옥토, 녹소토 등 같은 입자로 구성되는 용토를 사용하여 배수와 보수를 좋게 합니다.

분식, 분재, 분경의 차이

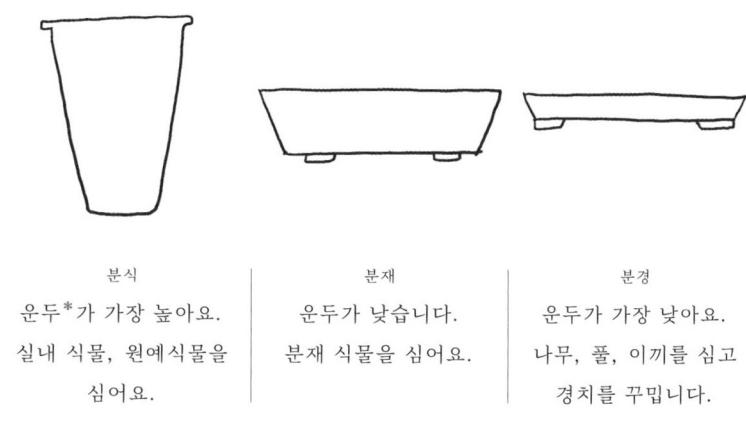

분식	분재	분경
운두*가 가장 높아요. 실내 식물, 원예식물을 심어요.	운두가 낮습니다. 분재 식물을 심어요.	운두가 가장 낮아요. 나무, 풀, 이끼를 심고 경치를 꾸밉니다.

분식	분재
그루터기*가 얇고, 나무는 키가 큽니다.	그루터기가 두껍고, 나무는 키가 작아요.

* 운두: 그릇이나 화분의 높낮이를 말합니다.
* 그루터기: 뿌리와 줄기가 연결되는 나무의 밑둥치입니다.

분재란 무엇일까요

식물을 분에 담아서 키우는 방법에는 분식, 분재, 분경의 형태가 있습니다.

1장

분재를 시작하며

정성으로 심고 사랑으로 키우며 기르는 즐거움, 바라보는 즐거움,
내일에 대한 기대감이 분재가 주는 보람이고 행복입니다.

시월 벚나무

백옥탑

애기괭이밥

코토네아스타

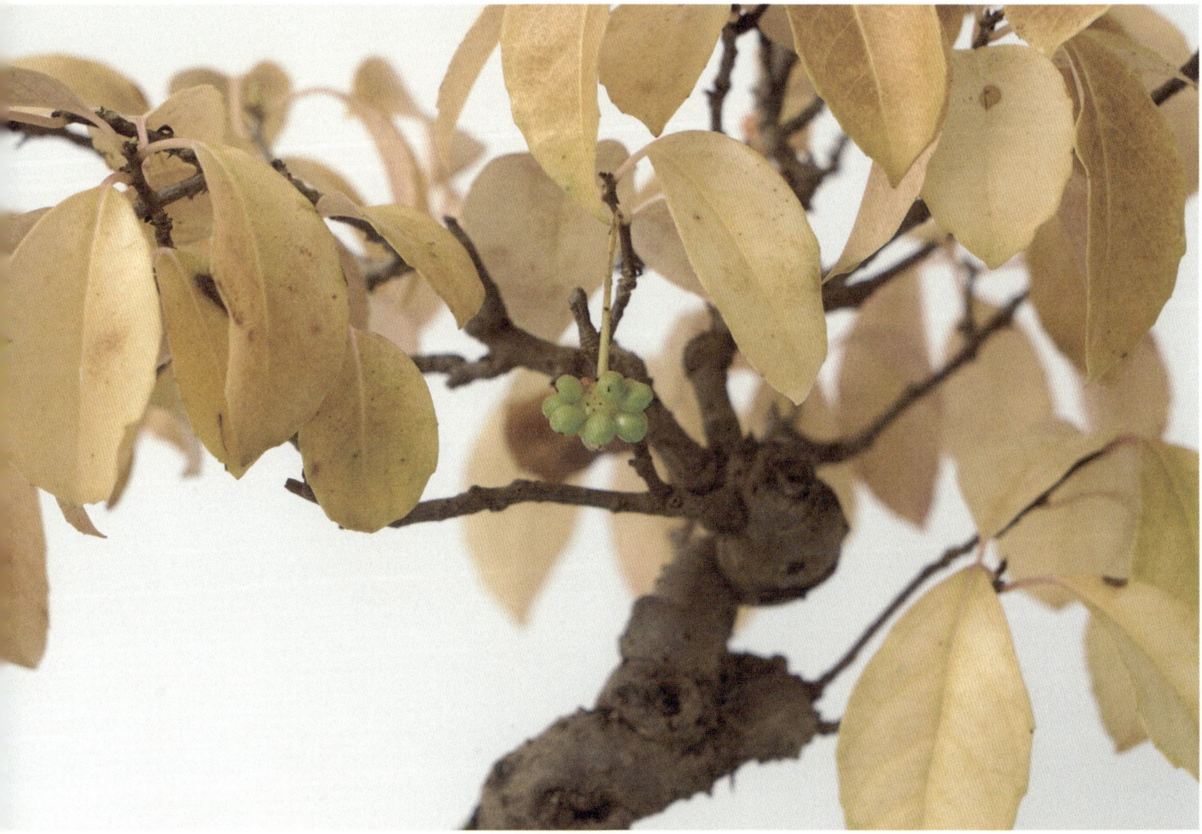

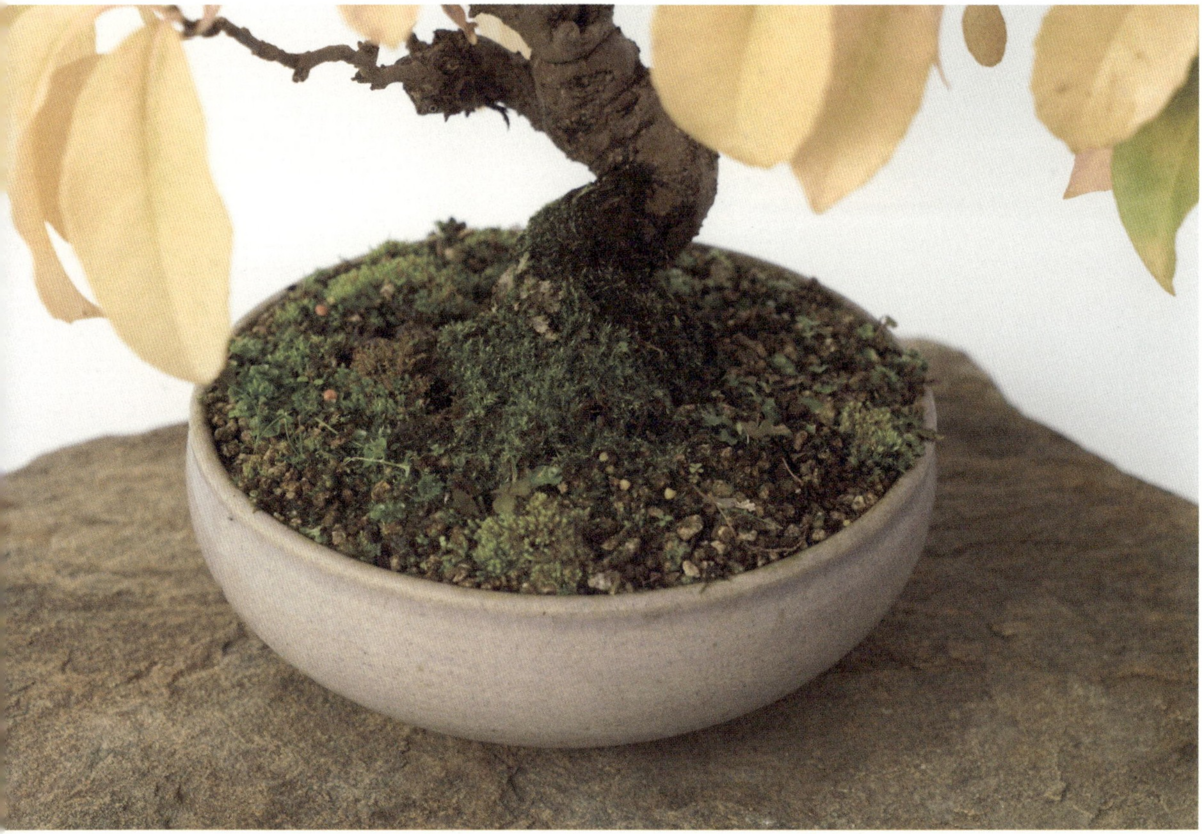

남오미자

사황단풍

백두산 좀 철쭉

제주도 경석에 고사리 세뿌리 석위 석부

"문정은 해낼 거라고 생각했지. 그 육중한 돌을 운용해 멋진 정원을 이루어 놓은 걸 보고… 살아가면서 마주하는 많은 일엔 힘으로 할 수 있는 일, 머리로 할 수 있는 일, 가슴으로 할 수 있는 일 등이 있듯이 문정은 모든 걸 잘 해내리라는 확신을… 크게 대견하고 고맙고… 좋은 밤이길."

"문정에게 말하고 싶은 건 어떤 시작이 좋은 건지, 어떻게 사는 게 옳은 건지는 아무도 쉽게 답을 할 수 있는 게 아니라고 생각해. 분명한 건 열심히 꾸준히 살다 보면 삶이 스스로 답을 주는 것을. 시작이 화려하고 해서 한걸음 느리다 해서 그 답을 미리 가늠할 순 없는 거니까…."

"땀 흘리는 겨울을 지낸 자만이 보람찬 봄을 맞이할 수 있듯이 여름에 땀 흘린 자만이 가을을 기대할 수 있으리라 믿고, 매일에 소홀함 없이 작은 흔적을 이루고자… 건강, 건강 하자구요."

여러분의 분재하는 여정에 이 책이 함께하길 바랍니다.
사랑을 담아.

최문정

누구나 처음부터 분재에 반짝이는 감흥이 있는 것은 아닐 거예요. 서서히 스며들기도, 불현듯 알아챌 수도 있겠지요. 그런대로 괜찮습니다. 우리는 우리 삶의 모양대로 분재를 받아들입니다. 같은 나무를 보고도 누군가는 크다 하고, 누군가는 작다고 하겠지요.

나무에 마음을 담고 정성을 기울이는 일은 쉽지 않습니다. 독자님들이 이 책을 다 읽었을 때는 분재 한 그루의 숨은 이야기를 살필 수 있기를, 분재를 키우며 일상에 반짝이는 순간이 많아지기를 바랍니다. 원고를 정리하며 그 당시에 깨닫고 마음에 담아두었던 생각을 많이 떠올렸습니다. 같은 내용도 경험의 깊이에 따라 매번 다른 색깔로 그려집니다. 분재를 가꾸며 쉽게 꺼내어 보고, 기본을 살필 수 있는 책이 되기를 바랍니다.

휘청대던 저를 때마다 염려와 위로, 응원과 격려의 말씀으로 더 깊이 뿌리내릴 수 있게 해주신 강경자 선생님. 선생님의 오랜 세월의 지혜를 공유할 수 있음에 크게 기쁘고 감사합니다. 매주 같은 꿈을 그리던 시간을 오래도록 간직하겠습니다. 사랑을 담아 선생님을 떠올리며, 그간 제게 전하신 기억에 남은 문자 몇 통을 적습니다.

서문

20대 초반 식물을 시작하면서 안개 속을 걷는 것처럼 막막한 날들이 많았습니다. 학업과 아르바이트를 병행하면서 모은 돈으로 계속해서 식물과 꽃을 배웠습니다. 대학교 졸업 이후 본격적으로 식물 숍에 취직했고 아침부터 저녁까지 쓸고 닦고 나르는 일을 했습니다. 혼자 들기도 어려운 식물을 옮기며 응급실에 실려 간 적도 있었습니다. 요령이 없던 어린 날에는 체력적으로나 감정적으로 힘든 날이 많았습니다. 떠올리면 먹먹한 날이지만 그때 모진 바람 덕분에 지금의 제가 있는 거겠지요.

분재를 처음 만났을 때, 일반 식물에 비해 작은 모습이 약하게 느껴졌고, 왠지 성장도 더딘 듯 보였습니다. 분재가 무엇인지, 왜 이토록 작은 화분에 심는지 이유를 알지 못했어도 매일매일 분재를 아껴주고 싶은 마음이 들었어요. 저의 첫 분재는 운용매화였습니다. 크기가 작은 건 물론이고 구불구불하고 앙상한 한 줄기만 있었습니다. 빨리 시들어 버릴 것 같았는데, 어느샌가 아기구름 같은 꽃봉오리가 곳곳에 맺히기 시작했고 흰 꽃이 만개했을 때는 달콤한 향기가 작은 가게 안을 가득 채웠습니다. 앙상한 가지 하나에 지나온 시간과 계절을 가득 담고 있었습니다. 분재는 작지만, 절대 약하지 않습니다.

을 수 있었음도, 젊음의 감각과 신선한 용기를 넣어준 최문정과 같이 읽고 고쳐 쓰며 서로에게 건넨 아낌없는 격려의 보람입니다.

바쁜 중에도 기쁜 마음으로 촬영해 준 작가 안선근 님께, 나무를 이해하고 사랑하는 깊은 마음에 뜨거운 고마움을 전합니다. 사진은 작품이 아닌 일상의 흔적일 뿐입니다. 내 살고 있음의 표현이고 간절함의 언어입니다. 어설픈 기록이지만 분재를 가까이하고픈 이들에게 촛불만큼의 길잡이가 되었으면 하는 조심스러운 바람입니다. 이맘때가 되면 어김없이 나타나 무섭게 달려드는 검은 모기떼의 공격이 겁나게 두려우나 잎 떨군 가지마다 겨울 햇살이 영글고 나설 때를 아는 침묵으로 겨울을 이기는 겨울나무를 상상하며 이 또한 지나가리라는 마음입니다.

남기고 싶은 한마디.
분재 외에는 매사에 미숙아인 채로 사는 엄마 곁을 든든히 세심히 지켜주는(가끔은 불협화음도 있었지만) 아들 용진에게.
"아들, 아들이 있음에 내가 살 수 있었으니 정말 고맙고, 사랑한다."

강경자

서문

첫 장을 열면서.

만남의 숲. 이야기의 숲을 이루며 더불어 살아갑니다. 나의 시작은 기다림이었고 기다림의 끝은 채워지지 않는 목마름이었습니다. 끊임없는 갈증의 여정에서 풀과 나무를 만났습니다. 꽃을 달지 않고도 향을 품은 잎이 좋았고, 하늘을 향해 바로 서는 나무의 당당한 삶의 모습이 참 좋았습니다. 나의 목마름이 그랬듯이 나무도 갈증을 느낄 때 스스로 물을 찾고 성장하며 함께 내 빈자리를 채워갑니다. 성장한다는 건 사람이나, 식물에나 길고도 고통스러운 과정이기도 합니다. 척박한 땅에서 목마름을 이기고 자라온 가문비나무라야 울림을 주는 바이올린으로 탄생할 수 있답니다. 인간의 삶을 닮은 나무의 생을 깊게 깨달으며. 심고, 가꾸고, 배워가는 매일입니다.

나무, 풀을 무척이나 사랑하는 이들의 한마음, 한 사랑으로 어우러진 이야기의 숲(풀꽃, 작은나무 모임). 겨울 햇살 같은 만남에서 함께 즐기고 격려받으며 나이테를 더해갑니다. 짧지 않은 세월을 살면서 오로지 보다 나은 내일을 향한 내일 바라기로 많은 오늘을 잊고 살았습니다. 자칫하면 흘려버릴 수 있었던 오늘의 조각들을 늦게나마 모아 아쉬움 대로 엮

3장

활력을 불어넣는 관리법

수세 회복을 위한 관리	영양생장기와 생식생장기	200
	비료의 종류	202
꽃 피는 식물에 대해서	화아분화기	209
	개화기	211
식물의 번식 방법에 대해서	실생	212
	삽목	213
	접목	215
	취목	216
병해와 충해에 대해서	병해	219
	충해	220

4장

분재하는 마음

223

2장

생활 속의 분재

자연이 키우는 식물	오롯이 받아들이는 자연	109
	계절별 물 주기	116
	생명의 근본 토양	120
활력을 불어넣는 분갈이	분갈이 시기	127
	실습 도구	128
	분재 용토	134
	화분 선택 요령	140
	분의 형태와 어울리는 수형	144
	조화로운 화분 색상	146
	나무의 얼굴 정하기	148
	분갈이 과정	152
	나무의 그림자처럼 얹은 이끼	160
	분갈이 사후 관리 및 주의점	162
수형을 만드는 방법	가지치기	165
	잎따기	182
	철사걸이	184

1장

분재를 시작하며

분재란 무엇일까요	분식, 분재, 분경의 차이	43
	식물을 고르는 기준	46
만드는 이의 이상형을 닮은 분재	분재의 역사	49
	뿌리를 닮아가는 나무	50
	분재의 예술성	52
	분재미의 구성 요소	56
나무의 종류	수종에 따른 분류	61
	수형에 따른 분류	66
더 깊이 들여다보면	강인한 생명력이 돋보이는, 석부분재	84
	자연스러운 조화, 군식	90
	부드러우나 강인한, 풀분재	92
	작으나 작지 않은, 소품분재	98
분 안에 담긴 풍경	살아 움직이는 동양화 분경	101

목차

서문 ... 8